作者简介

温兴琦，男，生于1978年9月，汉族，湖北省松滋市人，管理学博士。现为武汉大学经济与管理学院工商管理系讲师，武汉大学中国产学研合作问题研究中心研究员。2014年10月－2015年9月英国兰卡斯特大学管理学院访问学者。

研究方向为：企业环境、产学研合作。主编著作2部、参编著作3部，发表论文70余篇。主持湖北省软科学研究项目、湖北省教育规划重点项目、深圳市软科学项目等课题10余项，参与教育部人文社会科学重大课题攻关项目、国家自然科学基金等20余项。

管理学通用教材
MANAGEMENT

现代管理者技能与艺术

Modern Manager's Skills and Arts

主编　温兴琦

WUHAN UNIVERSITY PRESS
武汉大学出版社

前言

管理是复杂的，无论是管理理论，还是管理实践。因此，管理学界和实践界都认可“管理既是一门科学，也是一门艺术”的观点。管理的复杂性源于组织环境的复杂性与组织中人的复杂性。随着社会环境要素的日益动荡与演变，加之人类认知的无限丰富，组织管理的复杂性必将进一步增强。

管理作为一门课程，已有相当长时间的历史。特别是我国确定建立社会主义市场经济体制的战略目标以来，通过对西方现代管理理论与思想的引进和借鉴，管理已成为社会发展中非常重要的一门学科。经济社会的发展进步，使得组织面临的环境以及组织管理活动的不确定性不断增加，组织管理的规则和方法亟待拓展，管理者面临的挑战日益严峻。

无论是刚踏入职场的新人，还是在组织中打拼多年的老兵，对组织运行规律的认识和对组织管理要领的理解与运用，都是无法穷尽，因而也是必须不断学习的。要想更好地适应组织氛围，改进组织工作方法，提升组织工作绩效，离不开对组织管理特点与规律、管理者基本技能与艺术的系统深入学习与运用。全球成功组织的发展经验表明，优秀的管理者技能与艺术是组织获取成功的关键要素。

在此背景下，我们在武汉大学申请开设了“现代管理者技能与艺术”通识课，面向全校本科生，受到了学生极大的关注与青睐。课程的重点在于将现代组织管理理论与实践紧密结合，突出组织管理的基本方法与内容，介绍组织管理者应具备的基本技能与艺术。结合几年来的课程教学与思考，我们编写了本教材。

本书是集体智慧的成果，由武汉大学经济与管理学院温兴琦博士任主编，具体分工为：第一、二、三章（武汉大学温兴琦），第四章（江西师范大学杨鑫），第五章（江西师范大学黄仕佼），第六章（武汉大学陈朵苹）。

我们希望本书能有助于广大读者认识现代组织管理的特点和规律，提高管理技能与艺术，成为优秀的管理者！由于能力和经历有限，书中难免错误之处，恳请读者不吝指正。

温兴琦

2015年3月10日于英国兰卡斯特大学管理学院

目录

引 言

管理，就是管理者为了实现一定目标而对系统进行控制的活动，也就是通过计划、组织、调节、监督等一系列控制活动，以实现预期的目标。Robert Kaz 认为，任何管理者都需要具备三种基本技能：技术技能、人际技能和概念技能。而管理艺术则是管理者分析问题、解决问题的智慧、才能和技能。

迪克·卡克森说："管理技巧是所有技巧中最大的一种技巧。"本书从管理的概念入手，对管理工作的过程与原则进行了较为详细的阐述，接着介绍了现代管理者应该具备的技能，主要包括技术技能、人际技能和概念技能，最后对管理者应掌握的管理艺术进行了分析。本课程的教学目标包括：（1）理解现代组织管理的特点与趋势；（2）了解和掌握管理者应具备的基本技能；（3）学会运用管理技能和艺术解决组织管理中的实际问题。

第一章 导 论

现代管理学已经走过了一百余年的历程，在过去的一个多世纪里，各种管理学理论层出不穷，纷繁芜杂，各管理学大家著书立说，指点江山，形成了繁荣的管理学“丛林”现象。伴随着管理学理论和学科的发展，管理实践也可谓风生水起、丰富多彩，不断验证和孕育各种管理学理论。在百花齐放、百家争鸣的管理理论交锋和管理实践推动之下，人们对于现代管理基本问题的思考逐步趋于清晰，对现代管理的基本特点和过程有了日趋深刻的体会。然而，社会是复杂的，这也决定了组织管理并非简单明了。对于现代组织管理涉及的一些基本概念、管理工作的特点、管理的基本过程等一系列问题，也存在许多不同的理解和界定。本章将对上述问题进行介绍和分析。

第一节 现代组织管理的若干概念

与其他任何一门学科类似，对于管理学科的学习和研究，离不开一些基本概念的介绍。本节我们从管理工作和管理学理论的本质及核心内容出发，选择一些重要的概念，以便从事组织管理工作的新手对组织管理形成最基本的概念框架。对于这些概念的掌握和理解，既有助于对有关管理理论的理解，也能提升参与组织管理实践的能力。

一、组织

组织一词，在日常工作和生活中人们经常用到，是一个约定俗成的基本概念。然而，在管理学理论中，对于组织概念的界定和使用是较为严谨的。

许多学者对于组织的概念进行了界定。美国著名管理学者巴纳德（C. I. Barnard）所说“组织是一种有意识的协调二人以活动或力量的合作体系”。孟尼（Tomes D. Mooney）和雷利（Alan C. Reiley）则认为组织是“为达成共同目的的人，所组合的形式”。此外，还有学者提出，组织是“为求达成某种共同的目标，经由人员的分工及功能的分化，并利用不同的权力与职责而合理地协调一群人的活动”。

事实上，对于组织的定义，组织理论学者还有更多的表述，不过，值得注意的是，这里的组织都是指的正式组织（Formal Organization）。

综合现有各种组织的定义，我们可以将组织界定为：组织是由多人组成，有共同的明确目的和系统性结构，并用自己的明确规章制度约束成员行为的群体。这一定义，基本融合了现有各种观点，是对组织内涵与特征的高度概括。在现有管理学相关理论与实践中提到的组织，大多符合这一定义。

根据这一定义，我们生活中班集体、球队、政党、企业等，都是管理学意义上的组织。请大家思考，地铁车厢上的人所组成的群体，是管理学意义上的组织吗？

二、环境

这里谈到的环境是指组织环境。在组织研究中，我们认为，每个组织都是一个社会实体，因此，它不可避免地要依赖于整个社会的环境，而不能在“真空”中生存与发展，组织环境是组织所有资源的真正来源。那么，组织环境到底是什么呢？斯蒂芬·P. 罗宾斯将组织环境定义为“对组织绩效起着潜在影响的外部机构或力量”。实际上，管理环境是组织生存发展的物质条件的要素总和，它存在于组织发展的全过程，并对管理当局的行为和结果产生直接或间接影响。

组织管理实践告诉我们，组织环境的构成要素及特点制约和影响着组织管理活动的具体内容和方式。正确识别管理环境的构成及组织与环境的关系，处理好二者之间的关系，对于组织管理者采取恰当的管理行动，提升组织管理绩效，具有十分重要而深远的意义。

组织与环境之间的关系，是管理学者和实践者探讨的焦点问题，备受关注却一直存在诸多争议。古今中外，有很多专家学者对二者的关系进行了思考和总结。在霍桑实验中，研究者便是从组织与环境关系的角度，来分析环境因素（工作条件）对组织及员工个人工作绩效的影响的。要想正确地进行组织管理活动，提高管理绩效，必须科学、全面地识别组织环境，并对组织与环境之间的关系进行合理处理，否则，就会受到“环境”的惩罚。

关于企业与环境之间的关系，学术界和实践界形成了四种主要观点：决定论、适应论、战略选择论和协同进化论。

（一）决定论

所谓决定论，即认为环境对组织的生存与发展具有终极决定作用，组织的生存发展状态与行动方向完全由组织环境的要素决定。

种群生态学（Population Ecology）是决定论的典型代表，它借鉴生物学的“变异—选择—保留”模式，提出一个组织的成败完全取决于管理者无法控制的环境因素，进而适者生存是最高法则。决定论的代表人物主要有 Aldrich、Hannan 和 Freeman 等。

（二）适应论

所谓适应论，是指组织应尽一切可能实现与环境的匹配或一致（Fit）。适应论的代表学派是权变理论学派，他们强调组织和环境的匹配，一旦组织的内在特征与其环境要求达到最佳匹配，组织就能最好地适应环境。这一观点的主要代表人物包括切斯特·巴纳德（Chester I. Barnard）、伯恩斯（Burns）和斯托克尔（Stalker）、劳伦斯（Lawrence）和洛尔奇（Lorsch）、卢桑斯（Luthans）、德拉津（Drazin）和范德文（Van de Ven）等。

早在 1938 年，切斯特·巴纳德在《经理人员的职能》一书中，就从组织与协作理论的角度，提出“组织行为可以看作对环境条件的反应”，“组织的存在取决于协作系统平衡的维持，这种平衡开始时是组织内部的，是各种要素之间的比例，但最终和基本的是协作系统同整个外界环境的平衡”。①

组织与环境之间关系的适应论观点继承了权变理论的核心观点，即认为组织必须与环境保持匹配或一致，且要根据不断变化的环境进行自身调整，才能够持续生存和发展。

（三）战略选择论

战略选择论的核心观点是指组织与环境之间的相互识别与选择。选择的本质是个体或组织从众多可行的方案中选出最合适方案的过程。选择是个体或组织不可逃避的行为。战略选择论将对环境的选择分为自然选择与理性选择。

1. 自然选择

自然选择论的学者提出，组织形式和环境特征之间的相容性是组织生存最重要的基础。同时，他们还认为组织面对环境的变化并不是无能为力的，而是可以通过制定和实施特定战略来适应环境的要求和变化，并且组织重点关注的是其外部环境，而对组织内部环境考虑较少。

资源依赖理论则认为，组织是各种类型资源的集合体，有价值且难以模仿的资源形成了组织竞争优势的基础。但由于资源的稀缺性，组织对环境形成依赖，因而组织管理者应积极审视环境条件，制定相应战略，实现资源的最优配置。

2. 理性选择

与自然选择论不同，理性选择论提出，组织及其运作模式是组织自身决策的结果，组织应综合考虑内部环境和外部环境要素，针对不断变化的环境进行创造性变革。

（四）协同进化论

所谓协同进化（Coevolution），是指组织与环境在进化过程中，相互影响、相互适应的共同进化过程。

协同进化的概念来自生物学领域。1964 年，埃利希和雷文在讨论植物与植食性昆虫相互作用对进化的影响时最早提出协同进化的概念。② 而严格且被广泛引用的协同进化的定义直到 1980 年才由 Janzen 提出，即一个物种的某一特性由于回应另一物种的某一特性而进化，而后者的该特性也同样由于回应前者的特性而进化。

① Chester I. Barnard. The Functions of the Executive [M]. Cambridge, MA: Harvard University Press, 1938.

② Ehrlich P R, Raven P H. Butterflies and plants: a study in coevolution [J]. Evolution, 1964 (8): 586-608.

协同进化观念认为，组织与环境之间的协同进化过程主要包括种群协同、适应与反适应、基因突变等过程与内容。一个组织的进化必然会改变作用于其他组织的选择压力，引起其他组织作出改变，这些改变反过来又会引起原来组织的进一步变化，形成一个相互作用的反应系统。所以，在组织与其环境构成的组织生态系统中，一个组织的进化可以影响到其他组织的进化；反过来，其他组织的进化又会影响到该组织的进化路径，最终导致整个系统成为一个互相作用、相互促进的整体。①

组织与环境之间的协同进化，是组织与环境互动关系的动态反映和结果，在这一过程中，组织自身能影响进化的方向和进程，而且组织进化的速度越来越快，这也是组织与环境协同进化区别于生物与环境协同进化的一个重要方面。通过以上三个方面的分析，本书认为，组织与环境之间的互动关系是复杂而动态的。

绝大多数学者认为，组织与环境是互动的关系，只是对于这种互动关系的内在机理缺乏更深入的解析。组织与环境关系的几种代表性理论如表 1-1 所示。

表 1-1　　**组织与环境关系的几种代表性理论**

理论观点	基本内容	所属学派	代表人物
决定论	环境决定组织的生存，环境选择组织，优胜劣汰	种群生态学	Hannan 和 Freeman（1977）
适应论	组织适应环境、选择环境	权变理论	Lawrence 和 Lorsch（1967）；Child（1972）
相互影响论	环境影响组织，组织影响环境、操纵环境	资源依赖	Pfeffer 和 Salancik（1978）
协同进化论	组织是商业生态组成部分，组织与商业生态系统共同进化	商业生态系统	Moore（1993，1996）

实际上，组织与环境的互动关系可以表述为：环境的不断变化使组织做出反应，组织的反应行为既是对组织与环境相互作用关系的调适，又造成环境的进一步变化。由此，组织与环境始终处于动态调适过程之中。而组织与环境之间相互作用、相互调适的机理就是社会环境、市场环境和组织内部环境彼此影响的反应机理。

① 许芳. 企业协同进化的生态机制及其对策研究［J］. 郑州航空工业管理学院学报，2007（2）：22-25.

组织与环境之间的关系是一种相互影响的、动态的、互动的关系，或如前所说的互为环境，而并非一种单向传递或影响的主从关系，或者说是简单的决定与被决定、适应与被适应、选择与被选择、控制与被控制的关系。也就是说，环境的变化会对组织的决策和经营行为以及组织绩效产生影响；而组织的决策和经营行为以及组织绩效也会引起环境的变化。因此，那种把环境看成是组织完全不可控的，组织对环境是无能为力的，或者，组织只能被动地适应环境甚至由环境决定的认识，是消极的，也是不全面的。

此外，组织与环境的互动关系，表现形式多种多样，可以借鉴生物学中的观点，将其分为两种情况，即互利共生和偏利共生。

互利共生是关于真菌与昆虫相互关系研究较为深入的一个领域。昆虫通过与真菌形成广泛的共生关系，得以更好地利用资源、适应环境和占领新的生境，从而获得更加有利的生存繁衍机会。组织与真菌一样，可以通过与环境形成广泛的共生关系，以更好地利用环境中的资源，为自己营造更好的生存发展环境。

偏利共生是指真菌与昆虫间一个获益，另一个不受影响。对于真菌与昆虫，通常是真菌获益，而昆虫基本不受影响。常见的是由昆虫提供栖息场所（共栖），此外也有真菌孢子附在昆虫的足上，昆虫起到一个传播媒介的作用。组织与环境也并不总是互相都能很好地适应的，可能是一个获益，另一个不受影响甚至受损。如垄断行业中的组织与行业环境之间，就是偏利共生的关系。

三、管理

管理是现代组织运转中的必然现象，它是组织存在与可持续发展的重要保障，可以说，没有管理，就不会有组织存在。然而，到底什么是管理呢？管理有哪些基本原则和方法呢？这恐怕不是一两句话能说清楚的。

人类的管理活动与人类历史一样悠久

万里长城万里长

长城是古代中国在不同时期为抵御塞北游牧部落联盟侵袭而修筑的规模浩大的军事工程的统称，是我国古代劳动人民创造的伟大的奇迹。2012 年国家文物局发布数据称，中国历代长城总长度为 21196. 18 千米，故称为万里长城。

长城是我国古代一项伟大的防御工程，是中国也是世界上修建时间最长、工程量最大的一项古代防御工程，完成如此浩大的工程需要极高的管理水平。

（1）人力的组织

修筑长城的人力来源，大约有如下几方面：第一是戍防的军队，这是修筑长城的主要力量。如秦始皇时修筑长城，即是大将军蒙恬在打退匈奴之后，以三十万大军戍防并修筑，经过了九年多的时间才修成（《史记》上记载为三十万，《淮南子》上记载为五十万）。第二是强迫征调的民夫，这是修筑长城的重要力量。秦始皇时除所派蒙恬率领的几十万军队之外，还强征了大量的民夫，约有五十万人。各个朝代修筑长城都大量强征民夫，历史文献上已有不少记载，如北魏太平真君七年（446 年），修筑首都平城（今大同）南面的“畿上塞围”，即征发四州十万人。第三是发配充军的犯人，在秦汉时，专门有一种刑罚叫做“城旦”，就是罚去修长城的人。《史记·秦始皇本纪》记载，公元前 213 年，秦始皇采纳了丞相李斯的主张，下令除秦纪、医药、种树等类书籍之外，民间所藏诗、书一律都要焚毁。“令下三十日不烧，黥为城旦”，凡抗拒不烧书的，就在脸上刺字涂墨后罚去修长城。

（2）施工的管理

长城修筑工程的施工管理是一项十分复杂的工作。由于长城绵延万里，工地很长，施工管理更为复杂。当时所采取的办法是与防守任务相统一，即采用分区、分片、分段包干的办法。如汉朝河西四郡（武威、张掖、酒泉、敦煌）的长城就是由四郡的郡守负责各自境内长城的修筑，郡再把任务分到各段、各防守据点的戍卒身上去。当然，大的工程和关城的修筑则要由郡守调集力量去修。中央政权也从全国各地征调军队和募集劳力到重点地区去修筑。明朝的时候，沿长城设了九个重要的军事辖区“镇”来管辖长城，同时也担任所辖区内长城的修筑和维护。如山海关外辽东镇长城即是由提督辽东军务王翱、指挥佥事毕恭、辽阳副总兵韩斌、都指挥使周俊义以及张学颜、李成梁等人在任辽东镇军事首领时相继修筑而成的。从山海关到居庸关的长城沿线的上千座敌台是戚继光任蓟镇总兵时相继修筑的。至于分到长城的一段或一处峰台、烟墩，也多用包干修筑的办法。

(3) 建筑材料的管理

修筑长城的建筑材料，在没有大量用砖以前，主要是土、石和木料、瓦件等。需用的土、石量很大，一般是就地取材。在高山峻岭，就在山上开取石料，用石块砌筑。在平原黄土地带即就地取土，用土夯筑。在沙漠地区还采用了芦苇或红柳枝条层层铺砂的办法来修筑，今天还保存着的新疆罗布泊与甘肃玉门关一带的汉长城就是这样修筑的。

运输是修筑长城时的重要问题。为了把大量的土方、石灰、大条石、大城砖运上山去，修筑工匠们想出了许多办法。一是人力搬运，二是利用简单的机械搬运，三是借助动物帮助运输，此外，部分地区在隆冬时节，用洒水成冰的方法，修筑冰道来运输大条石。

长城上的一砖一瓦一土一石都浸透了古代劳动人民的血汗，长城这一雄伟工程充分展示了我国古代建筑工程的高度成就和我国古代劳动人民的聪明才智，长城的修建过程蕴藏着许多管理的活动实践。

资料来源：罗哲文. 长城［M］. 北京：清华大学出版社，2008.

管理活动自古有之。在原始社会，在人类与自然作斗争和改造环境的进程中，群体活动和社会组织开始出现，这种群体活动需要有管理的功能来保障其秩序。金字塔、万里长城、国家的建立、工业的产生、现代公司体制的出现不仅是管理活动的结晶，而且是人类共同劳动和社会组织的产物。

尽管管理活动自古就有，但人们真正开始把管理作为一门学科给予重视和研究则是在近代工业革命之后。20 世纪初期，企业家法约尔首次从一般管理的角度总结了工商企业的管理方法，他认为“管理是计划、组织、指挥、协调和控制”，将管理活动分为五项基本职能，其中计划、组织和控制得到了后来学术界最普遍的认可。

由于管理活动纷繁复杂，组织形态多种多样，在不同的环境下，管理者面对的问题差异巨大，因此对管理一词并没有统一的认识，管理学者从不同的角度对管理进行了定义。以下列举著名管理学者对管理概念的理解：

科学管理理论创始人弗雷德里克 · 泰勒认为，管理就是“确切了解希望工人干些什么，然后设法使他们用最好、最节约的方法去完成它”。这说明，管理是一种明确目标，并授予被管理者工作方法，以求更好地实现目标的活动。

法国古典管理学家亨利·法约尔则指出：“管理，就是实行计划、组织、指挥、协调和控制。”他第一次提出了计划、组织、指挥、协调和控制等管理职能。

美国管理学家哈罗德·孔茨与西里尔·奥唐奈认为：“管理就是设计并保持一种良好的环境，使人在群体里高效率地完成既定目标的过程。”这个定义需要展开为：作为管理人员，需要完成计划、组织、人事、领导、控制等管理职能；管理适用于任何一个组织机构；管理适用于各级组织的管理人员。

美国著名管理学家赫伯特·西蒙认为：“管理就是决策。”1996年，罗宾斯和库尔塔对管理下了定义：“管理这一术语指的是和其他人一起并且通过其他人来切实有效完成活动的过程。”这一定义把管理视作过程，它既强调了人的因素，又强调了管理的双重目标；既要完成活动，又要讲究效率，即以最低的投入换取既定的产出。

普伦基特和阿特纳把管理定义为“对资源的使用进行分配和监督的人员”。在此基础上，他们把管理补充定义为“一个或多个管理者单独或集体行使相关职能(计划、组织、人员配备、领导和控制）和利用各种资源（信息、原材料、货币和人员）来制定并达到目标的活动”。

路易斯、古德曼和范特将管理定义为“切实有效地支配和协调资源，并努力达到组织目标的过程”。这一定义与前一定义大同小异，所不同的是它立足于组织资源，原材料、人员、资本、土地、设备、顾客和信息等都属于组织资源。

我国管理学家周三多认为：“管理是指组织中的一系列活动或过程，并通过信息获取、决策、计划、组织、领导、控制和创新等职能的发挥来分配、协调包括人力资源在内的一切可以调用的资源，以实现单独的个人无法实现的目标。”

上述定义各有特色，但是对管理进行精确的定义是非常困难的，正如孔茨在提出管理理论丛林时所谈到的：“给管理下的定义并不一定要很严密、完备和硬性，而明确地列出管理的特定内涵才是更为重要的事情。”我们认为，所谓管理就是在一定的环境中，为达到既定的组织目标，对组织所拥有的资源，进行有效的计划、组织、领导和控制的过程。这包含以下几层含义：

（1）管理的目标性。管理活动是一种组织活动，是为实现组织目标服务的，是一个有意识、有目标的过程。一个组织的所有管理活动都是围绕该组织的目标展开，但对于不同类型的组织，目标并不相同，这是导致管理活动差异的根本原因。例如，工商企业的目标是获取利润，非营利组织和政府部门的目标是服务公众社会、提高社会福利，教育机构的目标是教书育人、培养人才，科研院所的目标是发明创造，医疗卫生机构的目标是治病救人。对组织进行有效的管理，首先就要确定组织的目标。

（2）管理对环境的依赖性。管理工作是在一定的环境条件下开展的，环境既提供了机会，也构成了风险。我们可以把组织看作一个开放的系统，环境是组织的外在要素，组织内的资源是环境的内在要素，管理活动就是充分利用内在要素，不断地与外部环境各种要素相互影响和相互作用的过程。所以，管理的方法和技巧必须因环境条件的不同而随机应变，并没有放之四海而皆准的通用方法。一个优秀的管理者应根据一般管理原理，结合面对的具体环境，审时度势，灵活应变。

（3）管理的对象是组织资源。管理到底管什么？我们认为，管理工作要通过动用组织中的各种资源来实现组织的目标，也就是说，管理负责把资源转化为成果，将投入转化为产出。广义地讲，组织的资源包括一切可利用的对象，除了常见的人、财、物之外，信息、技术、时间，甚至社会关系和组织的声誉等都是组织内的资源。

（4）管理工作的过程由一系列活动所构成，这些活动相互关联、连续进行。基本的管理活动包括计划、组织、领导、控制等，它们是管理工作最基本的职能，这些职能在管理活动中相互关联，共同实现组织目标。例如，在计划活动时，就需要考虑未来实施计划需要的人力资源和组织领导；在控制活动中，需要将实际结果与计划做比较，提出修正方案。

四、效率

人类活动都很重视效率。所谓效率，就是投入和产出的比值，强调的是一个数值。例如，我们发现，日本汽车公司用同样的投入生产的汽车数量比我国汽车公司要多，因此，我们说日本汽车公司比我国汽车公司生产效率高。

对组织而言，当管理者生产一定数量的产品或服务所需要的资源投入（如劳动力、原材料、机器设备）数量达到最小化时，组织是最有效率的。衡量组织效率的常用指标包括：设备利用率、劳动生产率、资金周转率以及单位产品成本等。绝大多数组织追求较高的运行效率，企业追求较高的生产和销售效率，政府追求为社会提供公共服务的效率，球队追求较高的进攻和防守效率，等等。

效率对于组织是非常重要的，然而仅仅关心组织活动的效率是不够的，管理工作必须使组织在高效率的基础上实现正确的活动目标，也就是要达到组织活动的效果。

五、效果

效果，就是有效的结果，它是用来衡量管理者所选择组织目标的适宜程度以及组织目标实现程度的。一个组织，无论其运行效率高低，只有当管理者目标选择正确并且目标得以实现时，管理工作才是有效果的。也就是说，方向不正确的高效率，是没有任何意义的效率。衡量组织效果的常用指标包括：销售收入、利润额、销售利润率、产值利润率等。

南辕北辙

六、效益

从上述效率与效果的定义可以看出，效率与效果强调的内容是不同的，它们二者对于组织都是非常重要的，因此必须兼顾。效益就是将效率与效果统一起来的一个概念，它表示组织得到的有用的产出与投入之比。这里，效益既强调了投入产出比，又突出了产出的有用性，即对组织目标实现的有用性。

在管理实践中，我们更倾向于用效益去衡量组织管理的水平。

管理的效率与效果是相互联系的，但两者是不同的概念，与效率相联系的是组织活动的手段，而与效果相联系的则是活动的结果。管理不可以不顾效率仅仅追求效果，也不能不顾效果盲目追求高效率。如果不顾效率，仅仅追求效果，那么实现目标的成本就会很高，这样就会浪费大量宝贵的资源；而如果不顾效果，仅仅追求高效率的话，那么组织的效率越高，对组织越不利。例如，企业仅仅关注生产产品的效率，而不管产品是否能满足市场需求，那么生产的效率越高就会产生越多的滞销商品，这样也浪费了组织资源。如果说高效率是追求“正确地做事”，那么好效果则是保证“做正确的事”。高绩效的组织是兼顾效率和效果的。组织绩效与效率和效果的关系如图 1-1 所示。

	低效率	高效率
高效果	低效率/高效果 管理者目标选择正确，但不善于利用资源高效实现目标 结果：产品或服务是顾客需要的，但是价格太高	高效率/高效果 管理者选择了正确的目标，并且充分利用了资源来实现组织目标 结果：产品或服务时顾客需要的，且质量价格都合适
低效果	低效率/低效果 管理者选择了错误的目标，并且利用资源的效率不高 结果：产品或服务不是顾客需要的，并且产品质量差且成本高	高效率/低效果 管理者的目标选择不恰当，但是利用资源的效率高 结果：产品或服务的质量高且成本低，但是顾客并不需要该产品或服务

图 1-1　组织绩效与效率和效果的关系图

七、管理目标

组织的目标是在使命的指导下提出来的。它是组织在一定时期内要达到的具体成果。目标不仅是计划工作的直接成果，也是组织管理的其他职能所要达到的结果。组织在一定时期的目标构成了组织的基本计划，但这只是一种初始的简单计划，它是组织全部计划的基石。

不同的组织有不同的目标，因此需要采取不同的管理行为，遵循不同的管理原则和流程。比如，一般企业的目标就是赚取最大化的利润，大学的目标是培养优秀人才和产出高水平研究成果，而医院的目标就是救死扶伤。

但是，组织管理的目标也可能是多重的，如现代西方经济学主流观点认为，企业的目标既有利润最大化，也有社会责任的履行。

第二节 管理工作的特点

人类社会的实践活动丰富多彩、五彩斑斓，但是管理活动有没有共同的特点呢？纵观古今中外各类组织的管理实践，我们发现，管理工作具有自己的特点，可以归纳为两个“二重性”，即自然属性与社会属性、科学性与艺术性。

一、管理的自然属性与社会属性

管理的二重性即管理的自然属性和管理的社会属性。一方面，管理是由生产社会化引起的，是由许多人进行协作劳动而产生的，具有同生产力、社会化大生产相联系的自然属性；另一方面，管理又是在一定的生产关系条件下进行的，在不同类型的组织中，管理环境、管理目的以及管理方式等必然表现出一定的差异性，因此，管理具有同生产关系、社会制度相联系的社会属性。

（一）管理的自然属性

管理的自然属性，也称管理的生产力属性或一般属性。在管理过程中，为有效地实现目标，要对组织内的各种资源进行合理配置，对各种职能活动进行协调，以实现生产力的科学组织。这种组织生产力的管理功能，是由生产力引起的，反映了人同自然的关系，故称为管理的自然属性。管理的这种自然属性是由生产力发展水平及人类活动的社会化程度决定的。

（二）管理的社会属性

管理的社会属性，也称管理的生产关系属性或特殊属性，主要是指管理要处理人与人之间的关系。在管理过程中，为维护生产资料所有者的利益，需要对人们之间的利益进行分配和调整，协调人与人之间的关系。管理的这种属性要受一定生产关系、政治制度和意识形态的影响和制约，它反映的是生产关系与社会制度的性质，故称管理的社会属性。

管理的自然属性和社会属性是一体的，不能把它们截然分开。管理的自然属性是管理的一般职能，即共性；管理的社会属性是管理的特殊职能，即个性。理解管理的二重性对于我们学习和掌握管理学的原理与方法具有重要的意义。

首先，管理的二重性体现了生产力与生产关系的矛盾活动和辩证统一关系，我们需要全面地认识管理的任务和作用。管理既要合理地组织生产力，又要努力去改善生产关系和上层建筑，使得生产关系和上层建筑适合生产力的发展需要。

其次，从管理的自然属性来看，先进的管理技术、方法和理论是人们在长期的管理活动中所积累下来的宝贵产物，是人类智慧的结晶，它与生产力的发展一样是具有连续性的，并且是不分国界的，不具有意识形态的区别，各个国家所获得的优秀的管理技术和方法都可以为我们所用，因此我们应当努力学习和借鉴发达国家的优秀的管理理论和经验。

最后，从管理的社会属性来看，由于管理是社会生产关系的实现方式之一，体现着一定的统治阶级的意志，并且具有意识形态的区别，这就要求我们在学习发达国家先进的管理理论、方法和经验时，区别哪些值得我们学习和借鉴，哪些体现各国生产关系的特殊内容，而不是一味地生搬硬套。

二、管理的科学性与艺术性

管理学理论是对各种管理活动经验和方法的总结与升华，管理学是研究管理活动的基本规律、普遍原理及其应用的学科，所以管理学同其他学科一样具有科学性。但是，在将管理学的理论和方法应用于实践活动中时，需要发挥管理者的主观能动性，要求管理者根据具体情况灵活应用管理方法，所以管理也具有艺术性。管理不仅是一门科学，而且是一门艺术，是科学与艺术的统一，这是管理学不同于其他学科的特点。

（一）管理的科学性

任何一种理论学说，只要是来源于社会实践，同时又被实践验证是正确的，那么它就是一门科学。管理学是人们在长期的实践活动中，经过观察、实验和检验，总结出来的一系列反映管理活动过程客观规律的理论和方法。管理者利用这些理论和方法来指导自己的管理活动，同时又以实践结果来验证所使用的理论和方法是否正确，使得管理学理论不断丰富和发展，所以管理学理论具有科学性。

管理学也广泛运用数学方法实现科学化与精确化，这就构成了管理学定量化，例如使用数学模型研究库存的优化管理。但是，管理学与自然科学研究对象不同，管理活动涉及的众多因素中，有许多不能准确量化或是不适合量化，只能进行定性的分析。实践证明，管理学既需要定量化，也需要定性化，是一门定性分析与定量分析相结合的科学，所以学术界认为管理学是一门软科学。

但是，管理学研究管理活动的客观规律，在长期的实践中形成了一系列系统的理论和方法，管理学作为一门独立的科学，在实践中起到了不可替代的作用。如果管理者不掌握基本的管理规律，完全凭自己的经验、直觉办事，必然事倍功半。

（二）管理的艺术性

管理的艺术性是指在应用管理学理论指导具体活动时，需要结合具体环境，将科学的管理理论转化为可操作的管理方法、管理技巧和管理手段，是管理应用中的实践性、创造性和灵活性。要充分发挥管理理论的作用，管理者必须具体问题具体分析，必须依据当时的情况制定出相应的管理对策。不顾实际情况的差别、完全照抄照搬管理理论是不可取的，这种机械的方式忽视了管理的艺术性，即必须因地制宜，因势利导，讲究方式方法。

实践证明，了解管理的原理和方法，并不等于可以完全达到管理目的。一些系统地学习过管理理论但管理时却并不顺利的人，对管理的艺术性会有特别深刻的体会。管理必须注意情况的变化，讲究灵活性和创新性。成功的管理难以复制，这是由管理的艺术性决定的。

（三）管理的科学性与艺术性之间的关系

科学的基本特征是确定性，即使是概率统计和模糊数学，其分布函数也必须是确定的，而艺术的基本特征是不确定和多样化的。那些将管理视为科学的学者觉得组织与管理问题的解决需要知识、科学方法与技术的应用，而并非依赖于直觉。相反，认为管理是艺术的学者认为管理的技能仅仅是通过实践获得的，正如其他的艺术种类一样，掌握管理技能需要实践，实践可以为解决各种组织和管理问题提供直接的知识和经验，只有通过经验与实践，人们才能获得这些管理知识。

较为全面、科学的观点是将管理既视为科学，又视为艺术。有科学知识而没有技能（艺术）是毫无用处的；有技能（艺术）而没有科学知识则意味着在学习方面是无能的，管理学就是一种科学与艺术相结合的学科。从管理的科学性和艺术性来看，在开展管理活动时首先要遵循管理活动的一般客观规律，根据一定的管理原则和标准的管理模式去办事，但对于特殊、具体的管理问题又应当具有一定的灵活性和创造性。管理活动必须既遵循一定的标准，又不能完全拘泥于标准。

综上所述，管理是自然性与社会性的统一，更是科学性与艺术性的统一。

第三节　管理的过程

管理是一项综合性程度非常高的活动，是一个由若干环节连接而成的系统过程。对于管理过程，一些学者进行过分析，提出了自己的观点，但主流的观点是将管理过程概括为几项基本职能（见图 1-2）。

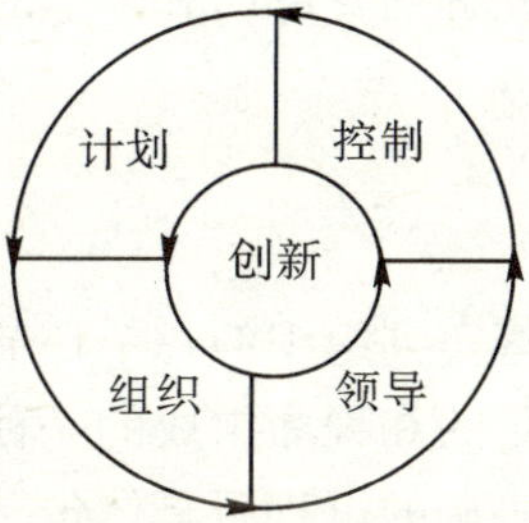

图 1-2　管理过程图

管理职能的问题最早由法约尔提出，目前大部分管理学教材都是以管理职能为基本主线进行编撰的。管理由一系列活动组成，所谓的“职能”就是指具有一定明确目的的“活动”或“行为”，管理的基本职能就是管理工作所包括的基本活动。最早由法约尔提出的五项管理职能包括计划、组织、指挥、控制、协调，即五职能论。在法约尔之后，有些学者提出六职能论、七职能论，或四职能论、三职能论。我们采用现在普遍认可的四职能论，将管理的职能划分为计划、组织、领导和控制。

一、计划

计划是对未来活动如何进行的预先筹划。从事一项活动之前，首先要制订计划，这是管理活动的前提条件。从广义上来看，计划工作是指计划的制订、执行和执行情况的检查三个方面，基本涵盖了企业管理的整个过程；从狭义上来看，计划工作是指计划的制订，是指在管理工作中根据企业内外部环境，在科学预测和分析研究的基础上，确立企业的目标，并制定为达到目标而采取的措施和方法，从而使企业获得最优的绩效。凡事预则立，不预则废，讲的就是计划工作的重要性。计划工作主要包括以下内容：

（1）分析组织环境。组织环境是制订和实施计划的基础，可划分为内部环境和外部环境。内部环境分析是分析组织内所拥有的资源种类及数量以及利用各种资源的能力；外部环境分析主要是分析组织外部的环境，了解环境的现状及未来可能的变化趋势，预测未来环境的状态。对组织内外部环境的分析是制订计划的基础。

（2）制定业务决策。所谓业务决策，是以组织环境分析为基础，分析内外部环境变化中可能存在的机会和威胁以及组织在资源上优势和劣势，从而确定组织在未来计划期内的发展目标和方向。制定业务决策是明确组织计划目标的过程。

（3）编制行动计划。有了组织计划期内的目标后，需要将该目标逐层分解，明确组织内各部门和环节在计划期内在工作上的具体要求。编制行动计划就是将组织的决策目标在时间和空间上分解到各部门和环节的过程，在行动计划中，需要确定每个成员的具体任务。

二、组织

计划要能够实现，还必须落实到组织的每个环节和岗位，这就是组织工作。在管理学上，组织是按照一定的目的和程序组成的一种权责结构。组织工作是在组织中进行部门划分、权力分配和协调的过程，具体包括组织结构的设计、组织关系的确立、人员的配置以及组织变革等，其目的是设计出合理的组织结构，进而配备相应的人员，分工授权以协调工作。通常，管理的组织职能主要完成下述工作：

（1）组织结构设计。组织设计是指对一个组织的结构进行规划、构造、创新或再构造，以便从组织结构上确保组织目标的有效实现。组织结构设计的工作成果表现为组织结构图和职务说明书，以规范组织中的职位设置和权责关系。

（2）组织中人员的选拔与配置。在一个组织确定好组织结构之后，管理者必须招聘人员来承担已经设立的工作或者调整组织的人员配备，这部分工作也称为人力资源管理。人力资源管理包括招聘、培训和发展、绩效评估和反馈，或与薪酬和福利等相关的所有活动。

三、领导

领导是一种影响他人以便实现目标的过程，即一个人通过对其他人施加影响并对他们的活动进行鼓动、激励和指导，帮助实现群体或组织目标的社会影响过程。领导是在企业管理中联结计划、组织和控制等各个管理职能的纽带，如同乐队需要指挥一样，企业也需要领导。

领导工作包括三个必要的要素，即领导者、被领导者和环境。领导工作体现为对人的管理，也就是研究和协调人与人之间的关系。领导工作的职能主要包括：

（1）激励。激励旨在激发员工的工作动机和热情，调动员工的积极性和创造性，使其努力完成工作，其方法是根据职位评价和绩效考评结果，设计科学的薪酬管理系统，通过一定的行为规范和惩罚性措施，来激发、引导和规范企业员工的行为。

（2）沟通。管理沟通是指处于一定组织中的人，为了达成组织目标而进行的管理信息交流的行为和过程。管理沟通包括语言沟通与非语言沟通、单向沟通与双向沟通、正式沟通与非正式沟通等。

四、控制

控制是为了保证组织各部门、各环节能按既定的计划开展工作，以实现组织目标的一项管理活动。从狭义上讲，控制是根据预先制定的组织目标和计划，监视计划的执行过程，发现各项活动的偏差，并及时采取纠正措施的过程。从广义上讲，控制职能还包括对预先制定的目标和计划进行修正，因为随着时间的推进，组织的内外部环境都在发生变化，原来的预计可能偏离当前的形势。控制工作是组织的计划得以实现的保证，正是有了控制职能，管理工作才能形成一个有反馈的闭环。

控制作为管理职能之一，与管理中的计划、组织、领导存在密切关系，总的来说，计划是各项管理活动的基础，组织和领导都是实现计划目标的手段，而控制是监督并纠正计划实施的过程。一般的控制过程主要包括建立绩效评价标准、衡量实际的绩效、比较目标绩效与实际绩效、采取修正措施等步骤。

美国某信用卡公司的卡片分部认识到高质量客户服务非常重要。客户服务不仅影响公司信誉，也和公司利润息息相关。比如，一张信用卡每早到客户手中一天，公司可获得 33 美分的额外销售收入，这样一年下来，公司将有 140 万美元的净利润，及时地将新办理的和更换的信用卡送到客户手中是提升客户服务质量的一个重要方面，但这远远不够。

决定对客户服务质量进行控制来反映其重要性的想法，最初是由卡片分部的一个地区副总裁凯西·帕克提出来的。她说：“一段时间以来，我们对传统的评价客户服务的方法不大满意。向管理部门提交的报告有偏差，因为它们很少包括有问题但没有抱怨的客户，或那些只是勉强满意公司服务的客户。”她相信，真正衡量客户服务的标准必须基于和反映持卡人的见解。这就意味着要对公司控制程序进行彻底的检查。第一项工作就是确定用户对公司的期望。对抱怨信件的分析指出了客户服务的三个重要特点：及时性、准确性和反应灵敏性。持卡者希望准时收到账单、快速处理地址变动、采取行动解决抱怨。

了解了客户期望，公司质量保证人员开始建立控制客户服务质量的标准。所建立的180多个标准反映了诸如申请处理、信用卡发行、账单查询反映及账户服务费代理等服务项目的可接受的服务质量。这些标准都基于用户所期望的服务的及时性、准确性和反应灵敏性，同时也考虑了其他一些因素。

除了客户的见解，服务质量标准还反映了公司的竞争性、能力和一些经济因素。比如：一些标准因竞争引入，或受组织现行处理能力影响，另一些标准反映了经济上的能力。考虑了每一个因素后，适当的标准就成型了，于是开始实施控制服务质量的计划。

计划实施效果很好，比如处理信用卡申请的时间由35天降到15天，更换信用卡的时间从15天降到2天，回答用户查询时间从16天降到10天。这些改进给公司带来的潜在利润是巨大的。例如，办理新卡和更换旧卡节省的时间会给公司带来1750万美元的额外收入。另外，如果用户能及时收到信用卡，他们就不会使用竞争者的卡片了。

该质量控制计划潜在的收入和利润对公司还有其他的益处，使整个公司都注重客户期望。各部门都以自己的客户服务记录为骄傲。而且每个雇员都对改进客户服务作出了贡献，使员工士气大增。每个雇员在为客户服务时，都认为自己是公司的一部分，是公司的代表。

信用卡部客户服务质量控制计划的成功，使公司其他部门纷纷效仿。无疑，它对该公司的贡献将是非常巨大的。

思考题

1. 该公司控制客户服务质量的计划是前馈控制、反馈控制还是现场控制？
2. 找出该公司对计划进行有效控制的三个因素。
3. 为什么该公司将标准设立在经济可行的水平上，而不是最高可能的水平上？

第二章 现代管理者应具备的技能

第一节 管理者技能的相关概念

一、管理者的含义

一提到管理者，对很多人而言，浮现在脑海里的是身穿高级三件式西装，打着丝质领带，提着真皮公事包，出门有高级轿车代步，在公司昂首阔步，而部属卑躬屈膝的企业经理人。但是，管理者真的只存在于企业中吗？只有企业经理人才是管理者吗？只有大公司才有管理者吗？

事实上，绝大多数组织都有管理者。关于管理者的含义有传统观点和现代观点之分。传统的观点认为管理者是运用职位、权力，对人进行统驭和指挥的人。这种概念强调的是组织中的正式职位和职权，强调必须拥有下属。现代观点认为在一个现代的组织里，任何一个能够运用他们的职位和知识，对组织负有的责任，因而能够实质性地影响该组织经营及达成成果的人，即为管理者。这一定义强调，管理者首要的标志是必须对组织的目标负有责任，而不是权力。只要共同承担职能责任，对组织的成果有贡献，他就是管理者，而不在于他是否有下属。

一般认为管理者是管理活动过程中的一批优秀人物，他们在群体中居于主导地位，有责任将群体的各种行动引向既定的共同目标，有责任完成管理的各种基本职能和具体职能，有责任运用各种方法去协调所有合作者的活动。

综合上述观点，管理者应该是指履行管理职能、对实现组织目标负有责任的人。他们通过协调其他人的活动，与别人一起或者通过别人实现组织目标。依据工作内容，我们可将组织内的成员分为两类：作业人员与管理者。作业人员指直接从事工作或任务，并不负有协调其他人工作责任的个人。例如，纺织工厂中第一线的作业人员、在快餐店接受点餐和实际制作餐点的人员，或派出所里处理群众投诉案件的办事人员等。管理者则是指在组织中负责分派、指挥与协调他人工作的个人。换句话说，管理者一定有下属，并且对其直接下属的工作成败负责，而作业人员则只需做好自己分内的工作。

二、管理者的分类

（一）按照管理者的层次划分

组织的管理人员可以按其所处的管理层次区分为高层管理者、中层管理者和基层管理者。

高层管理者是指对整个组织的管理负有全面责任的人，他们的主要职责是，制定组织的总目标、总战略，掌握组织的大政方针并评价整个组织的绩效。他们在与外界交往的过程中，往往代表组织以“官方”的身份出现。这些高层管理者的头衔有公司董事会主席、首席执行官、总裁、总经理、其他高级资深经理人员以及高校的校长、副校长和其他处于或接近组织最高层位置的管理人员。

中层管理者通常是指处于高层管理者与基层管理者之间的一个或若干个中间层次的管理人员，他们的主要职责是贯彻执行高层管理者所制定的重大决策，监督和协调基层管理者的工作。中层管理者通常享有部门或办事处主管、科室主管、地区经理、产品事业部经理或分公司经理等头衔。与高层管理者相比，中层管理者更注意日常的管理事务，在组织中起承上启下的作用。

基层管理者也称第一线管理人员，也就是组织中处于最低层次的管理者，他们所管辖的仅仅是作业人员而不涉及其他管理者。他们的主要职责是给下属作业人员分派具体工作，保证各项任务的有效完成。在制造业，基层管理者所管辖的仅仅是作业人员而不涉及其他管理者。他们的主要职责是给下属作业人员分派具体工作，保证各项任务的有效完成。在制造业，基层管理者可能被称为领班、工头或工段长，而在学校中则由研究室主任来担任。

作为管理者，不论在组织中的哪一层次上承担管理职责，其工作的性质和内容应该基本上是一样的，都包括计划、组织、领导和控制几个方面。不同层次管理者工作上的差别，不是职能本身不同，而是各项管理职能履行的程度和重点不同。

（二）按管理者的工作范围分类

管理者按其所从事的管理工作的领域和性质的不同，可以划分为综合管理人员和专业管理人员两大类。

综合管理人员是指负责管理整个组织或组织中某个事业部的全部活动的管理人员。对于一般的中小型企业来说，可能只有一个综合管理者，那就是厂长或总经理。总经理管理着该组织内包括生产、营销、财务、投资、人事、公关和研究开发等在内的全部活动。对于那些大型组织（企业集团或跨国公司等）来说，可能会按产品类别或地区设立分部或分公司，这时，这些组织的综合管理人员就包括集团（或公司）的总裁（或总经理）和分部或分公司的总经理，分别管理着总部的全部活动和分部的全部活动。

专业管理人员是指专门负责组织中某一类活动或职能的管理人员。根据所管理的专业领域性质的不同，这些管理人员可具体分为生产部门管理者、营销部门管理者、财务部门管理者等。不同的职能部门分设生产经理、营销经理、财务经理等，这些经理和下属的管理人员，因其只负责某一类活动或职能的管理工作，故都是专业管理人员。

三、管理者的角色

在一个组织中，管理者是一个社会角色。1955 年，美国著名管理大师彼得 · F. 德鲁克（Peter F. Drueker）率先提出了“管理者角色”（the role of the manager）的概念。他认为，管理是一种无形的力量，这种力量是通过各级管理者体现出来的，所以管理者扮演着三种角色：管理一个组织（managing business）、管理管理者（managing manager）、管理工人和工作（managing workers & work）。20 世纪 60 年代末期，管理学家亨利 · 明茨伯格（Henry Mintzberg）进一步提出，管理者扮演着十种不同的但高度相关的角色，这些角色可以归纳为三种类型，即人际角色、信息角色和决策角色。

（一）人际角色

管理者在处理与组织成员和其他利益相关者的关系时，他们就在扮演人际角色。管理者所扮演的三种人际角色是代表人角色、领导者角色和联络者角色。作为所在单位的领导，管理者必须行使一些具有礼仪性质的职责。例如，管理者有时必须出现在社区的集会上，参加社会活动，或宴请重要客户等。在这样做的时候，管理者行使着代表人的角色。

由于管理者对所在单位的成败负重要责任，他们必须在工作小组内扮演领导者角色。对这种角色而言，管理者要和员工一起工作并通过员工的努力来确保组织目标的实现。最后，管理者必须扮演组织联络者的角色。管理者无论是在与组织内的个人和工作小组一起工作时，还是在与外部利益相关者建立良好关系时，都起着联络者的作用。管理者必须对重要的组织问题有敏锐的洞察力，从而能够在组织内外建立关系和网络。

（二）信息角色

在信息角色中，管理者负责确保和其一起工作的人具有足够的信息，从而能够顺利完成工作。管理责任的性质决定了管理者既是所在单位的信息传递中心，也是组织内其他工作小组的信息传递渠道。整个组织的人依赖于管理结构和管理者以获取或传递必要的信息，以便完成工作。

管理者必须扮演的一种信息角色是监督者角色。作为监督者，管理者持续关注组织内外环境的变化以获取对组织有用的信息。管理者通过接触下属来搜集信息，并且从个人关系网中获取对方主动提供的信息。根据这种信息，管理者可以识别工作小组和组织的潜在机会和威胁。

在传播者的角色中，管理者把他们作为信息监督者所获取的大量信息分配出去。作为传播者，管理者把重要信息传递给工作小组成员，管理者有时也向工作小组隐藏特定的信息，更重要的，管理者必须保证员工具有必要的信息，以便切实有效地完成工作。

管理者所扮演的最后一种信息角色是发言人角色。管理者必须把信息传递给单位或组织以外的个人，例如，必须向董事和股东说明组织的财务状况和战略方向，必须向消费者保证组织会切实履行社会义务，必须让政府官员对组织遵守法律感到满意等。

（三）决策角色

在决策角色当中管理者分为企业家、资源分配者、谈判者。作为企业家的管理者主要有三项工作：第一，发起和设计可控制的组织变革，从而使其适应不断变化的环境。作为企业家的管理者，需要掌握大量的有关组织及其周围环境变化的信息，成为企业各项重大变革的倡导者和设计者，以使组织适应不断变化的环境，从而解决组织的生存与发展问题。第二，追求组织的持续改进。包括产品、市场、技术、质量、工艺以及管理过程与管理机制的持续不断的改进，追求卓越。第三，重视创新，却要避免冒险。管理者发起的变革与改进并不一定是对组织有利的，创新与风险并存应该是每一个管理者都知道的规律。创新就要有承担风险的意识和能力，当不能够承担新的风险时，也就是说创新会威胁组织的生存时，就应该避免创新而采用变革的做法，持续地改进，而不是激烈地创新。

管理者的资源分配者的角色，包括争取资源和有效地分配资源的工作。这也是管理者职位权限的集中体现，涉及对资金、时间、材料、设备、人力的分配以及对质量和信誉保证体系的决策。作为资源的分配者，管理者于事前决定组织的重大决策。借助这一权力，管理者保障了组织内部决策的连贯性。而肢解这一权力，则会导致决策的不连贯性以及战略的间断性，就会危及组织的存亡。对于管理者来说最稀缺的资源就是时间资源。如上所述，管理者有这么多的角色，有这么多的工作要做，因此，管理者的时间是被别人裁减过的边角余料。

作为谈判者的管理者有相当多的时间是用于谈判的。与上级讨价还价，与下级谈判工作条件与目标；与供应商谈判价格与质量、交货期等要求；与其他合作者谈判合作条件等。有时候要为组织的巩固和发展寻求资源或资源交换，在谈判时作为挂名首脑可以增加可信度，作为发言人代表了组织的价值系统，作为资源分配者有权分配各类资源，保证资源的及时到位，这些都增加了谈判成功的可能性。

尽管可以将管理的角色做出如上所述的分类，但是值得再一次强调的是以上职责是不可分割的整体。事实上，管理者的角色，构成了一个整体，其中任何一个角色都是不可或缺的。同时，尽管管理者的角色有十个之多，但是并不意味着管理者的权力就要在这些角色中平均分配。不同职位的管理者其侧重点不同，不同组织的管理者其侧重点也不同。

第二节　管理者技能的内容

技能是一种可以通过后天学习训练而成的能力，并非天生的能力。管理技能就是为了帮助管理者更好地做好管理工作的一种技能。它与管理者的某些工作有着直接关系。管理学者罗伯特·卡茨将管理者的技能分为技术技能、人际关系技能和概念技能，他认为要使管理工作卓有成效，管理者必须具备技术技能、人际关系技能和概念技能。

一、技术技能

技术技能是指管理者在某一特定的领域内，使用有关知识、方法、技术和程序完成具体任务，解决自己分管范围内出现的问题的能力。管理者虽不能完全做到内行，但必须具备一定的技术技能。例如，财务部门的会计师必须深谙会计方面的专业知识。技术部门的工程师必须熟悉与其专业有关的技术知识，工程师必须熟悉和掌握计算机知识等。管理者应具备与其专业领域对应的技术技能，而且这些技能均具体可见，可以通过学校教育，职业培训等方式获得。技术技能不仅能帮助一个初级管理者进入某一个组织，而且能帮助其成为真正的管理者。随着在组织内的提升，管理者对技术技能的依赖会越来越少，但这些技术技能为其履行职责提供了背景，也有利于对组织内其他人的沟通与领导。

二、人际关系技能

人际关系技能是指管理者处理和协调上下左右关系的能力，更确切地说是指管理者领导、激励、协调组织内部关系以及与他人一同工作、友好合作的能力，主要包括掌握人的心理规律的能力，人际交往、与人沟通、解决冲突的能力，满足下属需要、有效激励的能力以及善于团结他人的凝聚能力。人际关系技能有利于创造良好的氛围，以使员工能够高效地工作，为组织目标实现作出贡献。技术技能强调的是如何处理“事”，而人际关系技能强调的是如何处理“人”。由于“人”是组织中最重要的资源，所以管理者必须能够处理好个人与部门、部门与部门之间以及组织与外部之间的各种关系，以最大限度地提高员工的士气和自己的威信。这样就能最大限度地发挥所有人员的最大能力，从而顺利、有效地实现组织目标。

三、概念技能

概念技能是指管理者认识复杂动态问题、发现影响问题的许多因素，并且在管理工作过程中把这些因素设想出来加以抽象化，最终解决问题的能力，主要包括管理者的思维、信息处理和计划能力，包括对某个部门如何适应整个组织和组织如何适应所在产业、社区广泛的经营和社会环境的认识能力。概念技能对管理者提出问题、分析问题和解决问题的综合能力提出了很高的要求。概念技能体现了用广泛而长远的眼光进行战略思维的能力，其核心是观察力和思维力。这是组织高层管理者所必须具备的最为重要的技能。

具体来说，管理者的概念技能包含三种能力：了解整个组织及其外部环境的能力、了解组织内各部门彼此协作关系的能力和判断各种不同形态管理问题的能力。各层次的管理者都应该具备以上三种技能，只是不同层次的管理者对这三个技能的重要程度有所区别。对高层管理者来说，概念技能和人际关系技能特别重要，而对技术技能的要求相对来说要低很多。对中层管理者来说，对技术技能的要求没有高层管理者那么低，也没有基层管理者那么高，但是对概念技能的要求要比基层管理者高但比高层管理者低，同时对其人际关系技能也要求较高。对基层管理者来说，具备技术技能是最重要的。人际关系技能在同下属的频繁交往中也非常重要，而概念技能却显得不怎么重要。

第三节　管理者技能的应用

一、技术技能的应用

相对于高层管理者，技术技能对于基层管理者更为重要，毕竟督导管理者更接近实际工作，他们必须经常说明乃至演示，以让下属明白该如何完成工作，他们同时要能判断什么时间做更为合适。基层管理者大约 1/3 的时间用于有关技术技能的活动，比如电脑操作和信息管理技术等。

例如，一名饭店领班或主管所需要的实际操作技能就是完成下属员工的工作所需的技能。他也许没有员工们熟练，也许不会做蛋奶酥，也许不会操作饭店里的电话系统，但是，领班或主管应该了解这些工作的内容并大体知道如何完成该项工作。这些知识对于挑选和培训员工、计划和安排本部门的工作及紧急情况下的应对都是必需的。尤为重要的是，领班或主管的实际操作技能可以提高在员工中的信任度。因为当他们知道领班或主管也能胜任他们所担负的工作时，就容易接受你、尊敬你。

如果基层管理者做过普通员工，就可能已经掌握了所需的实际操作技能。许多基层管理者是在管理员工的过程中学会这些技能的。在一些大型企业中，一部分督导必须和员工接受同样的技能培训。

二、人际关系技能的应用

（一）人际关系吸引力

人际关系吸引力可以解释为一个人在人际关系中受人喜欢的程度。什么人更有吸引力？开朗的性格是人际吸引的一个因素，一个热情的人比冷淡的人更有吸引力；一个人如果能对别人表现出的热情作出同样的反应，也会具有吸引力。对于管理者来说，虽然受人喜欢不是建立和维持人际关系的最终目的，但是个人的人际关系吸引力在提高交往程度、增加领导魅力方面无疑会产生重大作用。

获得他人好感的最简单的办法，就是能在见面时叫出对方的名字。心理学家认为，对一个人来说，他的名字是最亲切、最重要的声音，记住人名能给对方以尊重感，缩短相互间的距离。能够在适当的时候叫出对方的名字，就等于给对方一个微妙而有效的赞扬，会使你成为最受欢迎的人。外貌对人际吸引所产生的作用是毋庸置疑的，尤其是当人们初次打交道时更是如此。虽然人们常说“人不可貌相”或不要“以貌取人”，但是外貌所起到的微妙作用却难以排除。一般人总是愿意自己或自己的亲人、朋友有仪表和风度，打扮得得体、漂亮。

另外，一个人的精神面貌是社交形象和吸引力的核心。精力充沛、乐观开朗、热情大方的个性往往具有强烈的感染力，能激发对方的交往动机，活跃人际互动的气氛。旺盛的精力和敏捷的头脑总是能给人以振奋和力量，这样的人总能成为核心人物，是无形中的“领袖”。

一个人有无魅力，谈吐是重要的评判指标。一个人的素质也表现在谈吐上，聪明敏捷、知识渊博、举止礼貌、说话流畅又有分寸的人总是讨人喜欢的。高雅的谈吐是无法装出来的，卖弄辞藻只会显得浅薄，咬文嚼字令人乏味，而说惯了粗话的人，尽管可以掩盖一时，但很快就会露出马脚。想成为一个有吸引力的人，提高讲话水平是不容忽视的。

（二）处理好员工关系

管理者与下属的关系，绝不能简单地理解为支配与被支配、领导与被领导的关系，权力并不总是掌握在有管理职位的人手里。因此，身居管理职位的人都知道，处理好与下属们的关系是自己工作的主要任务。

下属通常对管理工作的影响远远大于管辖范围以外的任何人的影响。例如：下属掌握某些技术或客户，使他们不能轻易地被替换；他们掌握某些特殊的信息或知识；某个下属的工作恰恰是全盘工作的中心，故而他对上司的工作有更大的影响；某个下属的工作与其他重要工作或重要人物有密切关系，致使上司间接地依赖于他；下属有良好的人际关系，批评他们或调换工作都会引起一批人的不满……这种种影响使下属对其上司同样拥有“权力”，对此，管理者的职权也会无可奈何。

（三）处理人际关系

在管理工作中，管理者经常需要与其他部门或其他公司的人员打交道，建立起工作关系。由于对方是管理者职权管辖范围以外的人员，管理者通常对他们没有支配权或指挥权，不能对他们实行领导；或者由于各方工作性质的差异，而与他们在目标、观念上存在较大的分歧，这都增加了处理横向人际关系的困难。同样，在企业的员工之间，由于彼此不存在管理与被管理的关系，他们相互间的沟通也具有不同于上下级间的独特特点。处理好这种横向的人际关系，对于每个员工来说都是重要的。

在这种情形下，首先要弄清楚自己将与哪些人产生横向关系。这并非一个多余的问题。横向关系有时很难被发现，而且它会随管理者的计划、任务、目标的变化而变化，这就意味着每一项新的工作都将带来新的横向关系。因此管理者需要经常思考和回答以下问题，以保持对横向关系的敏感。

确定了横向关系以后，对那些可能抵制或者阻碍你的目标的人进行分析，并对可能抵制的程度作一下预测，做到心中有数。由于人们在利害关系上各有所求、自身能力高低不同，或者对横向合作究竟能导致什么结果不十分清楚，所以有可能出现看起来于双方都很有利可是对方却不愿意合作的情况。有效处理分歧的关键，在于认清分歧的原因，避免分歧演变成冲突。当抵制行为无法避免时，应估计对方将采取什么程度的抵制行为，做到正确预见。在对问题或抵制进行分析和预测以后，接下来的就是选择并实施克服这些问题的对策。成功处理这类问题的管理者，应尽可能与这些人建立广泛的、良好的个人关系，并利用这种关系进行有效沟通、谈判和施加影响。

三、概念技能的应用

一个企业其管理的功能是相互依赖的，一位优秀的企业管理者应具有宏观的视野、整体的考虑、系统的思考和掌握大局的能力，应了解国内外政治、经济、社会、文化发展变化的现状与趋势，从中超脱出来，将企业视为世界大环境的一个有机组成部分，从大的背景上为企业勾画未来的远景，建构愿景、长远战略，以保证企业的永续生存和发展。

任何一项决策是否可行与决策者的概念技能有着很强依赖性，一个概念技能较差的管理人员，由他所制订的计划，也只是一些条条框框，缺乏可行性，如，对销售决策做出了重大改变之后，重要的是考虑它对生产、调节、财务、科研和一切有关人员会产生什么影响，而且这一考虑对执行这项新决策的每一个管理人员来说，都是至关重要的。

企业各部门的有效协作不仅依赖于管理人员的概念技能，企业的作风和整个发展方向也都依赖于管理人员的概念技能。企业最高级管理人员的态度决定着企业的作风，决定着“企业的特性”，使企业的经营方式、方法有别于竞争对手，一个企业的全面成功很大部分依赖于经营管理者在制定和执行决策上所需要的概念技能，所以这一技能在管理过程中起着协调和统一的作用，具有全面性和长远性。

概念技能较好的管理者，他会把自己的企业看成是一个统一的整体，并且能够熟悉各个小组之间的关系，能够正确地运用自己的各种技能来处理组织中出现的问题，能正确地行使管理的职能，将组织问题细分化，各个击破实现企业的目标，具有跟强的概念技能的管理者能够认识到组织中问题的存在，以正确地分析企业中出现的问题，拟定出正确的解决方案加以实施。

管理学理论告诉我们，“概念技能”是高级经理人员最迫切需要的技能。企业的“概念技能”不等于“炒作技能”。如，一家企业在业界的位置越高，所面临的问题越复杂，所处的环境越具备不确定性，就越需要拥有概念技能。如今，各行各业的发展可谓日新月异，IT 行业就是不确定性产业的典范，管理者们不容易看清未来的机会与威胁。

因此，“概念技能”对 IT 龙头企业来说，意义重大，好的“概念”能指明 IT 产业方向，帮助大公司绑定合作伙伴，发挥号召力与影响力。

当联想提出“关联应用”时，它已不再是一家纯粹的 PC 组装销售商，它正在进行战略转型与产业升级。联想需要找到适合自己的 IT 研发方向，发挥自己作为国内最大的 IT 公司在信息化进程中的领袖作用。在这种情况下，它得提出新颖、响亮、具有前瞻性的“概念”。为什么会是“关联应用”呢？首先，联想尚且无法涉足 IT 核心技术及基础理论的研发，但又需要强化自己的技术色彩，故着眼于应用技术开发；其次，在“3C 融合”、终端智能化的背景下，联想的产品线在扩大，迫切需要研究不同产品、不同技术之间的相互关联性。

“概念技能”能体现企业的王者之风，蓝色巨人 IBM 深谙此道。近年来，IBM 不惜花费重金大打主题为“电子商务”（e-business）的广告，这些广告通常不提具体的产品与服务名称，IBM 图的是什么呢？IBM 通过广告告诉消费者的是，“电子商务前景美好，IBM 是这个领域的领导者”，其企业形象得到了巧妙的强化与提升。IBM 随后提出的“随需应变”更具有功利性与进攻性，因为它直接为 IBM 拓展市场服务，并间接地抨击其竞争对手没有从客户的需求出发。“随需应变”概念的诞生同样有其特定的产业背景，即客户开始节约 IT 预算支出，理性反思信息化投资，只求合身、适用，不愿浪费、冒进。

“概念技能”实质上是一种战略思考及执行的能力，多数企业非常需要它，但如今只有大企业才可能创造“新概念”，并“挟之以号令诸侯”，这是众多企业管理者们思考的问题。

北京同仁医院是一所以眼科闻名中外的百年老“店”，走进医院行政大楼，大堂的指示牌上却令人诧异地标着：五楼——MBA 办公室。目前该医院已经从北大、清华聘请了 11 位 MBA，另外，还有一名学会计的研究生，而常务副院长毛羽就是一位留美的医院管理 MBA。

内忧外患迫使同仁医院下定决心引进职业经理人并实施规模扩张，希望建立一套行政与技术分离的现代医院管理制度。根据我国加入 WTO 达成的协议，2003 年我国将正式开放医疗服务业。2002 年初，圣新安医院管理公司对国内数十个城市的近 30 家医院及其数千名医院职工进行了调查访谈，得出结论：目前国内大部分医院还处于极低层次的管理启蒙状态，绝大多数医院并没有营销意识，普遍缺乏现代化经营管理常识。更为严峻的竞争现实是：医院提供的服务不属于那种单纯通过营销就可以扩大市场规模的市场——医院不能指望通过市场手段刺激每年病人数量的增长。同仁医院显然是同行中的先知先觉者。2002 年，医院领导层在职代会上对同仁医院的管理做过“诊断”：行政编制过大、员工队伍超编导致流动受限；医务人员的技术价值不能得到体现；管理人员缺乏专业培训，管理方式、手段滞后，经营管理机构力量薄弱。同时，他们开出“药方”：引入 MBA，对医院进行大手笔的制度改革，涉及岗位评价及岗位工资方案、医院成本核算、医院工作流程设计和医院的经营开发等。

目前，国内绝大多数医院都没有利润的概念，只计算年收入。但在国外，一家管理有方的医院，其利润率可高达20%。这也是外资对国内医疗市场虎视眈眈的重要原因。

同仁医院要在改革中引入现代市场营销观念、启动品牌战略和人事制度。树立“以病人为中心”的服务观念：以病人的需求为标准，简化就医流程，降低医疗成本，改善就医环境；建立长期利润观念，走质量效益型发展的道路；适应环境、发挥优势、实行整合营销；通过扩大对外宣传、开展义诊咨询活动、开设健康课堂等形式，有效扩大潜在的医疗市场。

同仁医院所引进的MBA背景各异，绝大多数缺乏医科背景。他们能否胜任医院的管理工作呢？医院职业化管理至少包括了市场营销管理、人力资源管理、财务管理、科研教学管理、全面医疗质量管理、信息策略应用及管理、流程管理7个方面的内容。这些职能管理与医学知识相关但非医学专业。同仁医院将MBA们“下放”到手术室3个月之后，悉数将他们调回科室，单独辟出MBA办公室，以课题组的形式，研究医院的经营模式和管理制度。医院引入的企业化管理，主要包含医院经营战略、医疗市场服务营销、医院服务管理、医院成本控制、医院人力资源、医疗质量管理、医院信息系统和医院企业文化等多部分内容。其中，医院成本控制研究与医院人力资源研究是当务之急。

国内绝大多数医院面临着成本控制的难题，堵住医院漏洞，进行成本标准化设计，最后达到成本、质量效益的平衡，是未来医院成本控制研究的发展方向。另外，现有医院的薪酬制度多为“固定工资+奖金”的模式，而由于现有体制的限制，并不能达到有效的激励效果，医生的价值并没有得到真实的体现，导致严重的回扣与红包问题。如何真正体现员工价值，并使激励制度透明化、标准化，已成为当前首先要解决的问题。

这一切都刚刚开始，指望几名MBA就能改变中国医院管理的现状是不可能的。不过，医院管理启蒙毕竟已经开始，它将推动中国医院的管理发展。

思考题

1. 结合案例说明你对管理者及管理技能的理解。

2. 同仁医院为什么要引进如此多MBA？你认为MBA们能否胜任医院的管理工作？

第三章　现代管理艺术

总经理换届交接典礼

某公司新旧总经理交接典礼，董事长文某亲自主持。他循例先说一些旧任张总经理的贡献，肯定其5年内的改革，对公司有很大的助益。然后介绍新任总经理的简历，并且推崇他的宝贵经验和出众能力，相信公司在他的主持之下，必定有更为灿烂的未来。

张总经理致词的时候，忽然间好像变成另外一个人，平日的果敢和气魄，顿然消失。他十分客气地表示，由于过分重视绩效和士气，对于某些同仁，似乎疏于照顾，希望大家体谅他的苦心，多多包涵。他又表示虽然离开公司，但是仍然在本地任职，以后见面的机会很多，请大家秉持原来的爱护之情，不吝指教。

温总经理是新人，大家对他所知不多。他诚惶诚恐，生怕大家一下子不能接纳他。致词时尽量镇静而和缓，偶尔添加一些幽默，希望博得大家的好感。这些情况，各公司、机构大致相同，好像有一定的模式，大家不约而同地说同样的话，采取同样的态度和语气。久而久之，似乎形成一套不成文的公式，非如此不可。

交接典礼的主持人，无论旧任总经理的退休、荣升、迁调或革职，一定要说些赞美的好话。你碰到过这种现象吗？如果由你来主持这个典礼，你会如何？如果你是新接任的总经理，你会如何做？

如前所述，管理是科学性与艺术性的统一，随着经济社会的发展，组织所处的环境日益动荡复杂，科技迅猛发展更加剧了环境变化的速度。这都提高了组织管理者在从事管理活动中的艺术性要求。只有正确认识现代组织环境及其变化趋势，才能真正掌握和运用管理的艺术，提高管理绩效。

第一节　现代组织管理的环境

现代组织面临的管理环境日益复杂动荡，且全球化环境已经成为现实。这已经成为组织管理者无法回避的“假设前提”。

一、动荡复杂的管理环境

现在许多组织战略管理失败，大多认为是战略目标不明确和决策管理系统不先进等问题所致。其最根本的原因在于，这些组织的战略管理模式已经不能适应环境的变化了。从组织的战略环境上看，组织的外部环境自由化动态化程度越来越高，不论是在国际贸易的政策上、空间上，在国际国内金融市场的影响力上，在市场需求的变化性上，还是在新技术、新材料的发展上，不可预测的不确定因素越来越多。一只蝴蝶扇动的翅膀可能影响几天后的天气变化，自然界的混沌效应正在组织界发生作用，一个老外在伊拉克被绑架，可能会影响我们组织总经理汽车油费的变化。

同样，组织内部环境的自由化动态化程度也越来越高。组织的三大核心资源：财务资源、人力资源、技术资源也越来越不可确定。组织内部有限的选择空间、有限的控制措施面对外部环境的选择多样化，让组织的资源不再那么容易受控制，资源像水一样会随意流动。比如财务资源受金融市场的影响越来越大，一项满怀期望的投资一不留神就变成一文不值的垃圾。又如许多职员，特别是高级职员每天看上去都与组织和衷共济，但网络、报纸、猎头公司、中介机构等提供的强大诱惑让每个职员实际上都和组织同床异梦。再如社会的传播手段十分丰富，员工的个性越来越强，实际上根本不可能引导员工的思想。随着组织规模的扩大，组织的管理措施会逐渐完善，对外部信息的收集能力也可能随之增强。但是高层管理者则根本不可能对每一条信息都做出反应。实际上，组织的有效控制力随着组织规模的扩大而同等比例地散失。内部资源突现的自由性、动态性越来越高。组织在设计、生产、营销各个环节都应该具备相应的敏感特质，这要求组织的战略、组织、资源配置也要有足够的自由性和动态性去适应变化。

组织实际所处的环境往往是模糊而难以分辨的，这需要组织决策层有正确而统一的判断。同时，随着时间的变化，组织环境可能处于不断变化之中，而且最难以判断的是，当某种外部环境要素发生变化时，由环境系统本身具有的要素相关性和复杂混沌性决定的其他环境要素往往随着发生程度和方向均难以预料的变化。这些情况大大加剧了组织环境动态变化的程度，增加了环境管理的难度。显然，在所有环境类型中，复杂动态环境是最能体现当今市场特点的环境类型。

具体而言，组织所面临的动荡复杂环境表现在以下几个方面：

（一）商业活动日趋全球化

跨国商品与服务交易及国际资本流动规模和形式的增加，技术的广泛迅速传播，使世界各国经济的相互依赖性增强。商业活动全球化是指世界各国的经济在生产、分配、消费各个领域所发生的一体化趋势。从当前情况看，其进程进一步加快，主要表现在：世界统一大市场加速形成、生产全球化日益加深、生产要素全球化在迅速扩展等。

（二）速度日益成为关键要素

能否准确、迅速地进行复杂问题的判断考验了一个组织的反应能力，而知识管理便是在全局角度提供复杂决策的一个体系。同样用来提高组织的反应速度，标准作业流程带给组织的是更强的竞争条件，在组织的战术层面，这是行之有效的信息系统工具，而知识管理能让组织聪明地赢得战略的胜利。

（三）战略环境复杂程度大大加深，可测度大为下降

现代组织的战略环境变得日趋复杂，其中各个因素不但在持续变化，而且它们之间的相互作用也在不断变化着，形成了一个混沌复杂的系统。组织与政府、员工、顾客、供应方等利益相关者之间以及上述各因素之间都在进行着复杂的互动作用。在技术进步速度加快的情况下，试图从上述复杂过程中识别出对组织成败的关键因素是比较困难的。不但产业环境会影响组织行为，组织也能够改变产业结构及竞争格局，在这个混沌系统中，原因与结果之间的关系是非线性的。

（四）技术对组织战略环境的影响越来越强

科学技术对经济社会发展的作用日益显著，当今世界，组织环境的变化与科学技术的发展有非常大的关系，特别是在网络经济时代，两者之间的联系更为密切。在信息等高新技术产业中，教育水平的差异是影响需求和用户规模的重要因素，已被提到组织战略制定的议事日程上来。

复杂动荡的环境反映了当前市场，特别是高科技行业存在的全球竞争，消费需

求变化加快且难以预测，窄的顾客利基，产品生命周期缩短，新技术层出不穷，技术创新呈现连续中断（continuous discontinuity）而导致产品市场可能很快出现和消失，竞争规则发生变化，大规模定制等不确定性变化的特点。它们是当今组织面临的复杂动态环境的具体表现。

二、全球化的管理环境

在全球化的趋势下，管理环境的边界日益扩张，内容不断丰富，不确定性也日趋增强。全球化的发展变化趋势使得众多组织面临着前所未有的激烈竞争，也必然要求组织的管理者重新思考在全球性的环境中如何提高组织绩效水平，寻找更好的组织资源利用的方法。全球性组织（global organization）的出现，使得众多组织面临更巨大的竞争压力。对于处在全球竞争环境下的管理者来说，如果不进行自我调整，就会处于被动的位置。

从组织管理环境的角度来看，全球化环境对管理者带来的挑战主要来自于四个方面，即管理多样化的员工，建立全球竞争优势，差异化的道德标准，应用新的信息系统和技术。

（一）管理多样化的员工

经济全球化是世界经济发展的重要趋势，经济全球化使得世界范围内的先进管理理念和技术共享成为可能，但全球化环境下日趋多样化的员工队伍，使得越来越多的跨国公司认识到，原有的管理模式和体系不可避免地要受到文化差异的冲击。一旦原有的组织管理体系发生变化，对组织管理者的技能要求也会顺势而变。

员工多样化（workforce diversity）是指员工构成的多样性，而多样性是指人与人之间由于年龄、性别、种族、民族、宗教信仰等因素造成的差异，如表 3-1 所示。对于管理者来说，认识到多元化的存在并主动适应这种环境变化会比那些认为“所有人都一样”管理者工作更为有效。

在 20 世纪 50 年代，美国制造业的劳动力主要是由白人劳动者构成，他们中很多人来自相同社区或相同城镇，而 21 世纪的今天，员工队伍呈现出多元化趋势，女性、非洲裔美国人、拉美裔和亚裔美国人在员工队伍中的比例逐渐提高。这种员工队伍多样化趋势，对管理者提出了新的挑战。如工作时间安排要更灵活，以适应单亲家庭、双职工家庭和那些分居两地的夫妻，这样可将注意力集中到工作上。

员工多元化的潜在的竞争优势表现为：（1）良好的形象。欢迎并鼓励多种员工的组织能够留住更多的优秀少数民族和多元员工，并且能够吸引妇女和其他优秀的少数民族员工；（2）员工多元化可能为公司带来创造性优势。多元化群体共同对付问题时候可以得到更多更具创造性的解决方法。

表 3-1 **全球化背景下组织员工队伍构成的多样化**

员工构成	特征
性别	男性和女性
种族	白种人、非洲裔美国人、西班牙裔美国人、亚裔美国人
年龄	16 岁以上
家庭状况	有小孩、没孩子、单亲家庭、双亲家庭
身体状况	健康和有残疾的
婚姻	已婚、未婚、同居、丧偶
性取向	异性恋、同性恋、双性恋、无性恋
宗教信仰	基督教、佛教、伊斯兰教、道教

越来越多的组织高层管理者意识到在组织内部鼓励多样性的员工构成的重要性。如麦当劳中少数民族员工和管理者所占比例为 36%左右，美国邮政服务公司尽管在 2002 年削减了 3%的员工，但其员工内部构成中有 37%的新员工是有色人种。在经济全球化背景下，员工队伍的多样性要求公司的激励政策和方法适应于多样化的群体，对员工队伍构成的多样性的重视不仅是社会责任问题，而且会牵涉严重的道德问题。有效地管理多元化，将会在招聘中获得更多杰出的员工，从而获取组织竞争优势。

（二）建立全球竞争优势

全球化对组织提出了更高的要求，迫使组织必须在全球范围内参与竞争，形成更大范围内的竞争优势。竞争优势是一个组织参与全球竞争的基础，而全球化的管理环境对组织建立和提升竞争优势带来了挑战。在管理环境全球化的背景下，组织竞争优势的来源主要包括：提高运营效率、提升产品或服务质量、进行持续创新以及提高顾客的响应度等。①

（三）差异化的道德标准

全球化的管理环境带来了不同的道德标准的问题，各国和地区有着不同的道德规范和准则，并对组织及其成员的行为形成了不同的要求。比如，在组织资源的配置调整过程中，处在各个层次上的管理者都面临着在降低成本的同时提高绩效水平

① ［美］加雷斯·琼斯，珍妮弗·乔治. 当代管理学. 郑风田，赵淑芳，译. 人民邮电出版社.

的巨大压力。压力既有来自于股东的，也有来自社会公众的，还有来自于外部顾客的以及内部员工的要求。组织管理者在进行管理决策时，维护谁的利益就反映了其所持的道德标准。

环境问题是组织道德中一个不可忽视的因素。在日益恶化的环境问题上，组织的行为越来越引起强烈关注。组织追求绿色效益、进行绿色管理往往会树立良好的形象，从而建立起竞争优势，反之，如果组织不重视环境问题，生产对环境不利的产品最终会影响组织形象，危害组织利益。

此外，在全球化管理环境中，人权问题也是组织必须重视的一个敏感因素，如果组织存在着侵犯人权的情况，那么国际管理者将面临潜在的道德问题。在实践中，许多美国的跨国公司经常被指责剥削不发达国家的劳动力。

（四）应用新的信息系统和技术

全球化的管理环境对组织管理者提出的一个重大挑战是如何有效利用信息技术和电子商务。许多组织都广泛使用、互联网、视频会议等信息系统，通过信息技术建立起自身的竞争优势。信息技术提供了更加丰富、更加有意义的信息，从而改变了管理者扮演角色的方式，也对管理者所扮演角色需要的技能提出新的要求。

新信息技术使得各层级管理者能够方便、快捷地获得更多、更准确的信息，从而提高了计划、组织、领导和控制的能力。信息技术的运用还改写了沟通的原则。通过“命令链”来进行沟通不再对传统沟通行为产生约束。员工可以在任何时间、任何地点和任何人进行及时沟通。总的来说，信息技术的使用增强了个人准确、快速地获取信息并根据这些信息进行决策的能力，减少了组织雇佣员工数，保证低成本进行全球竞争的需要。信息技术带来的改变还不止于此。通过利用新信息技术，提高了管理质量。如，通过使用功能强大的新型软件程序，扩展了员工的知识和能力，使得向员工授权（empowerment）成为可能，也使得自我管理团队（self-management team）这种组织方式更为普遍，这种由员工自己负责监督自己的活动，监控自己产品和服务质量正是通过电脑来实现的。基层管理者由过去指挥的职责转变为向员工提供建议和指导，协助团队成员找到更有效完成任务的新方法和新途径。

第二节　管理艺术的主要特点

与其他领域的艺术一样，管理艺术也是充满神秘色彩的，它很难进行精确规范的概括和梳理，更难加以定量和计算，它需要组织管理者在良好的理论知识和实践经验积累基础上，准确把握组织环境要素及其变化，采取合理的管理行为，实现组织管理的目标。著名管理学者迪克·卡克森说：“管理技巧是所有技巧中最大的一种技巧。”

一、管理艺术的内涵

艺术，尽管人们经常谈及，但迄今还没有权威的公认定义。通常认为，艺术是人类以情感和想象为特性，来把握和反映社会生活的一种特殊方式。其通过审美创造活动再现现实和表现情感理想，在想象中实现审美主体及客体的相互对象化。通俗地说，艺术也就是人的知识、情感、理想、意念综合心理活动的有机产物，是人们现实生活和精神世界的形象表现。社会实践中的艺术主要包括文学、绘画、雕塑、建筑、音乐、舞蹈、戏剧、电影、曲艺、工艺等。

所谓艺术就是以个人的经验和熟练程度为基础的技艺和技巧。管理活动是处理和协调人与人之间关系的社会活动，管理主体是人，人是有思想、有意识的高级社会动物。虽然管理活动必须遵循客观规律办事，但是管理者在应用管理理论指导管理实践时，不可能像自然科学应用其定理和公式去指导自然科学实践那么“刻板”和“一丝不苟”，而是要求管理者在管理实践中灵活多变地运用管理理论进行具体问题具体分析。

其实，管理也是一种艺术。所谓管理艺术，是指人类管理活动中的一种高超的手段和方法，它是在长期的管理实践中总结出来的，建立在一定的素养、才能、知识、经验基础上的有创造性的管理思想、方法和技巧的总和。

管理的艺术性是指管理靠的是人格魅力、灵感与创新，而管理本身是没有规律可循的，更没有办法通过学习掌握管理的技巧。不同的文化背景体现出不同的管理艺术，因此，管理者如何在管理工作中应用不同的管理方法艺术和领导艺术关系到管理工作的成败。

二、管理艺术的特点

管理艺术具有不同于其他艺术的鲜明特点，主要在于它的柔性，这种柔性表现在它受管理者、被管理者、管理环境三个方面因素的制约。

具体而言，管理艺术具有以下六个方面的特点：

（一）灵活性

管理艺术的灵活性，是指组织管理者应具备处理随机事件的应变能力和技巧。组织环境是瞬息万变的，组织自身也是不断发展变化的，二者互动的方式及结果更是充满变数，因此，管理工作绝不能僵化，而应保持灵活多变。

（二）复杂性

组织的管理活动涉及面非常广，包含的内容和环节非常多，包括对各种组织资源的配置与协调，因此管理艺术也充满复杂性，不仅有管人的艺术，还有管事的艺术，既有组织内部管理的艺术，也有处理组织与外部环境之间关系的管理要素。管理艺术的复杂性，要求组织管理者不断提高自身的综合能力和素质，适应组织内外对自己的要求。可以说，管理艺术的复杂性，也正是管理艺术的难点和魅力所在。

（三）实践性

管理是实践性的社会活动，必须在实践中进行。因此，管理艺术也必然具有突出的实践性，它必须来自于实践，又反过来指导和改进实践。任何离开组织管理实践的管理艺术，都只可能是“花拳绣腿”，不能起到任何作用。实际上，管理的艺术性强调的恰恰就是管理的实践性。

（四）技巧性

管理活动充满技巧性，需要运用许多技巧和窍门。在管理实践中，管理者必须因地制宜地将管理知识与具体管理活动相结合，通过灵活的技巧的采用，实现管理的目标。随着组织管理实践的丰富和组织环境的变化，管理艺术的技巧性也日趋丰富多彩。

（五）创造性

管理活动是以人为中心的，也是以人为主要对象的，因此，人的主观能动性和创造性在管理活动中显得尤为重要。尽管管理具有科学性，也有较为科学的工具、方法和流程可以运用，但是管理者绝不可以死板地运用，而必须充分发挥自身的主观能动性，进行创造性管理。创造性是管理艺术的内在要求，艺术本身就是创造性的产物。

（六）经验性

管理活动是具体的，对管理者过去的管理经验较为倚重。正如管理理论中的经

验学派所认为的，通过对管理人员在个别情况下成功的和失败的经验教训的研究，会使人们懂得在将来相应的情况下如何运用有效的方法解决管理问题。因此，在管理实践中，我们可以发现，优秀的管理者往往都是具有丰富实践经验的管理者。

总之，管理艺术是纷繁芜杂、千变万化的，对于它的把握和运用，离不开对客观环境的科学识别和管理者主观能动性的充分发挥。但是，同时也应注意，管理艺术是以对它所依据的管理理论的理解为基础的。对于学习管理学的专业人士和从事管理工作的管理者而言，认清这一点，有助于在管理实践中因地制宜地灵活运用管理艺术。

第四章 如何做有效的管理者

第一节 成功的管理者与有效的管理者

某集团公司目前有一个副总裁的职位空缺，欲从集团公司的9个分厂厂长中选拔一人填补。其中一分厂的A厂长呼声最高。A厂长工作勤恳，几乎总是第一个上班最后一个离厂，细心过问厂内的大小事情，对待下属员工也总是和蔼可亲，并且这位技术出身的厂长还通过亲自带领实施技术改造而使企业效益一直保持在各分厂的中上水平。但经过集团领导的研究，最终选定的是二分厂的B厂长。结果一公布，便有反对意见反馈上来。反对的理由大致有三方面：一是认为B厂长不务正业，不关心本职工作，而是热衷于“拉关系”；二是尽管二分厂的效益一直名列前茅，但这与B厂长的特殊背景有关，并非其本人的能力所致；三是二分厂的大部分工作是由B厂长委派下属完成的，效益是下属创造的，因此功劳不能记在B厂长身上。A厂长能够得到公司员工的支持，主要的原因一是其勤恳工作，二是对待员工和蔼可亲，能够与员工建立很好的关系，其中第二个原因可能更能影响员工的支持率。反对B厂长的原因主要是其把更多的时间放在与上级和外部的关系经营上，与员工的关系不如A厂长。为什么呼声甚高的A厂长没有顺理成章地升任副总，而决策层看中的B厂长却有人明确反对？

一、管理者在组织行为学中的分类

企业是按照一定的组织规律，有机构成的经济实体，一般以营利为目的，以实现投资人、客户、员工、社会大众的利益最大化为使命，通过提供产品或服务换取收入。企业由管理者管理运营，管理者对企业的管理效果决定着企业的发展和命运。弗雷德·鲁森斯在其随后出版的《组织行为学》中将管理者分为两大类：有效的管理者和成功的管理者。

我们首先界定一下有效的管理者和成功的管理者的概念。

（一）成功的管理者

成功的管理者，知人善任，知道如何放权，把事情处理得有条不紊，以晋升的速度为标志，在组织中求得快速提升。

（二）有效的管理者

有效的管理者，更多的是一个执行者的角色，执行上层领导布置下来的任务。有效的管理者不仅有管理知识，还拥有在企业管理实践中解决问题的技能，能做到知与行的统一；以工作成绩的数量和质量以及下级对其满意和承诺的程度作为标志。他们通常拥有优秀和忠实的下属以及高绩效团队。

二、有效的管理者与成功的管理者的区别

弗雷·鲁森斯和他的副手对450多位管理者进行了研究调查，发现管理者主要从事以下四种活动。

（一）传统管理

计划、决策和控制。比如，明确目标，分配任务和资源，安排工作计划，处理日常工作中的问题，监督和检查绩效数据等。

（二）日常沟通

交流常规信息和处理案头文件。比如，从上至下传达重要信息，从下至上收集和汇总日常数据，起草报告，处理文件，负责与整个团队的信息共享。

（三）人力资源管理

激励、奖惩、处理冲突、人员配备和培训。比如，制定工作职责描述，面试与招聘，对团队绩效给予反馈，倾听意见和建议，提供团队支持，安排培训和发展计划。

（四）社交活动

社会化活动和与外界交往。

而这一研究的重点在于这两种管理者在四种活动中的侧重，如表 4-1 所示。

表 4-1 有效的管理者和成功的管理者的活动侧重

	传统管理（%）	日常沟通（%）	人力资源管理（%）	社交活动（%）
平均的管理者	32	29	20	19
有效的管理者	19	44	26	11
成功的管理者	13	28	11	48

有效的管理者和成功的管理者的差距在于有效的管理者比较注重日常沟通，即指定目标，明确实现目标所要完成的任务及资源分配，安排时间表等；明确问题所在，处理日常危机，决定做什么、如何做；考察工作，监控绩效数据，预防性维护工作等。其实就是注重于小细节，事事劳心，以工作成绩的数量和质量以及下级对其满意和承诺的程度作为标志。这使得组织拥有极为出色的绩效，但是同样也养成了组织成员对他的依赖性，使得组织离开他就难以成功运作。成功的管理者以在组织中晋升的速度作为标志，花费更多的时间和精力在社交活动上，更多地参与到政治活动及与外界接触的活动中，联络感情，发展关系。也就是说，成功的管理者更注重人际关系，他在管理组织过程中做到了资源的合理利用。

卢森斯从实证角度证明了前面案例所述情形的普遍存在。A 厂长就是“有效的管理者”的典型代表，而 B 厂长则是“成功的管理者”的典型代表。卢森斯的研究不仅说明了“有效的管理者”往往不是“成功的管理者”，同时也总结出“成功的管理者”与“有效的管理者”所体现出的不同行为特征。正是“成功的管理者”所体现出的独特活动特征使得其在组织内迅速晋升。但至于为什么这样的活动特征会导致“成功的管理者”迅速晋升，卢森斯提出了“政治技巧”的作用。事实上，这也是许多人对像 B 厂长这样的“成功的管理者”所持的普遍看法。Pearce 和 Robinson 在他们 1989 年合著的 *Management* 一书中也曾做过相关论述，他们认为：由于不同的管理位置对管理者的要求不同，并且现实中许多管理者的管理风格虽然各异但都获得了成功，所以几乎无法精确地指出哪个人肯定会成功或肯定不会成功。由于缺少明确的标准，在挑选管理者时就可能出现依据“关系”而非绩效选拔的情况。这就为“政治技巧”在晋升中发挥作用提供了可能，从而在一定程度上佐证了卢森斯的观点。但他们同时也指出，由于管理人员知道其工作成败主要依赖于其下属管理人员的工作能力，因而尽管有“政治技巧”因素的存在，高层管理者在选择下属管理人员时，仍主要会以被选拔者的能力为主。所以我们不能断定这类晋升都是“政治技巧”的作用，特别是在这种现象如此普遍存在的情况下，必然还有更深层的原因导致“成功的管理者”较“有效的管理者”有更快的晋升速度。

对于一个组织而言，更需要的是有效的管理者而不是以快速晋升为标准的成功的管理者。并不优秀的人员成功地升到管理高层，就意味着优秀人员的作用受到压制甚至优秀人员的流失，那组织就必然内外交困走向衰败。只有有效的管理者升到高层，才能带领其成员应对各种挑战，使组织有序地发展。提升作为一种组织激励方式，要求组织建立正确有效的激励机制，根据绩效来进行评价和奖惩，营造一种支持和鼓励有效的绩效的文化氛围和价值观，让有效的管理者得到成功。

第二节 管理者的时间管理

一、时间管理的含义

时间管理就是用技巧、技术和工具帮助人们在时间期限内完成工作，实现目标。时间是缺乏弹性的，每天每人 24 个小时，不会因为需求的增加而改变供给，无法积蓄，也无法像有些商品那样通过价格进行供求调节，更没有任何替代品。任何工作都必须在时间中进行，因此，作为有效的管理者，必须学会如何正确地进行时间管理。

二、造成管理者时间浪费的因素

（1）活动自身因素。

有些时间的浪费纯粹是活动自身所引起的，比如非生产性活动。

（2）人员过多也会造成时间的浪费。

例如，不是所有的问题都需要进行群体决策，当 $1+1<2$ 的时候，人员过多降低了管理效率，浪费了更多的时间。

（3）组织不健全也是造成时间浪费的一个重大因素。

其表现就是会议太多。纷繁复杂的会议不但不会加快解决问题，反而会降低管理者处理问题的效率和效果。会议有正式与非正式之分，但无论是哪种都要花费管理者一定的时间。因此，会议必须做到有组织、有计划，不能为开会而开会。一个人人都要开会的组织，必定是一个谁都不能做事的组织。因此，有效的管理者绝不能让会议占用太多的时间，而应该将时间用在管理者该做的事情上。

（4）信息功能不健全或者信息的表达不当也会造成时间浪费。

（5）管理者自身在管理上的误区。

这些误区造成管理者自身时间的浪费，是管理者自身可以控制和消除的。很多管理者都是从基层干起的优秀员工，还保留着亲力亲为的习惯，因为自身的优秀导致对员工的要求太高。

比如因为担心员工做错事，自己亲自动手，既浪费了自己的时间，也没能培养好的部属。

或者担心下属表现太好，没有足够的雅量去接受别人比自己更好的事实。卡耐基的墓碑上写着：这里躺着一个好人，他领导的每一个下属都比他优秀。

管理者也常常落入“最好用的系统是最熟悉的系统”的窠臼中，不能放弃原来得心应手的工作创造的成就感。管理者应该拓宽自己的眼界，让自己从更困难的挑战中获得更大的成就感，而不是在非常熟悉的工作上浪费时间。

最后就是找不到合适的下属授权。因为管理者的优秀，他以自己的标准来要求属下。然而并不是每个人都能像他一样优秀，不要奢望能找到跟你一样优秀的接班人，而要信任他的能力，相信他能很快地成长，做得跟你一样好。

即使管理者处理的都是颇有成效的工作，但是其处理方式仍可能造成别人时间的浪费。许多管理者都意识到那些事情会浪费他们的时间，却不敢面对这些问题，因为怕因小失大，造成错误。事实上，一位管理者大刀阔斧地减少不必要的工作，绝不会有太大的风险。人总有高估自己重要性的倾向，认为许多事非身体力行不可。纵然是有效的管理者，仍然免不了许多不必要的和非生产性的工作。霍普金斯身有残疾，但是仍能干得有声有色。

三、高效管理者的时间管理方法

（一）帕累托原则在时间管理中的运用

高效管理者工作的重要原则之一就是要在有限的时间和资源下实现目标最大化。为了对高效管理者的时间进行更好的管理，我们引入帕累托原则。帕累托原则又称为重要的少数、微不足道的多数，或二八定律、犹太法则等，是 19 世纪末和 20 世纪初由意大利经济学家及社会学家帕累托提出的，最初是用于经济领域中的决策。这一原则是说在任何一组东西之中，最重要的通常只占其中的一小部分，因此对于重要但只占少数的部分必须分配更多的资源，更注重对它的管理。在时间管理中运用帕累托原则有助于解决许多待完成的工作。将一大堆需要完成的工作列出优先次序，把最应优先完成的作为工作中的重中之重，各花上一段时间集中精力把它们完成。只有这样，那些看起来可能无法一一完成的工作才能通过我们所完成的那几件重要工作而得到解决，获得最大的收益。

（二）“坐标法”在时间管理中的运用

著名管理学家科维提出了时间管理的理论，把工作按照重要和紧急两个不同的程度分为四个“象限”：既紧急又重要（如人事危机、客户投诉、即将到期的任务、财务危机等）、重要但不紧急（如建立人际关系、新的机会、人员培训、制定防范措施等）、紧急但不重要（如电话铃声、不速之客、行政检查、主管部门会议等）、既不紧急也不重要（如客套的闲谈、无聊的信件、个人的爱好等）。一个人在同一时间处理两个以上的任务是件极为困难的事情，一直保持高效更是难上加难，因此管理者应把时间花在重要的、必须做的任务上，而不是那些并非必须要做的事情。

如果以“轻—重”为横坐标，“缓—急”为纵坐标，我们可以建立一个时间管理坐标体系（见图 4-1），把各项事务放入这个坐标体系。大致可以分为四个类别：重要且紧急、重要不紧急、紧急不重要、不重要不紧急。

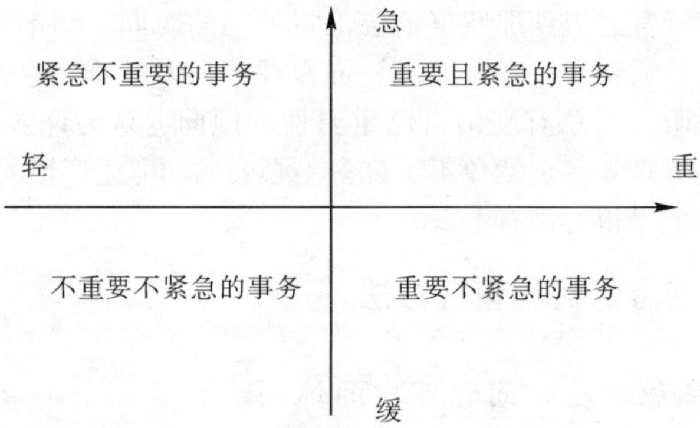

图 4-1 时间管理坐标体系

我们通常会把紧急的事情放在第一位，这不是管理时间的有效办法。最初，我们可能会重视事情的重要程度，做的是“重要且紧急”的事情，但应避免习惯于“紧急”状态，否则，我们会不由自主地喜欢上“到处救火”的感觉，把自己当成“救火队员”，转而去做那些“紧急不重要”的事情了。

这样一来，我们就没有时间去做那些“重要不紧急”的事，而这些事往往有着更深远的影响。将大部分时间花在“重要不紧急”的事情上，可以让我们避免掉进“嗜急成瘾”的陷阱中，更可以避免在事情变得紧急后才疲于应付。对于高校来说，“重要不紧急”的事就是教学。确定了教学任务，就明确了围绕教学所需的人、财、物以及包括学术活动在内的各种活动，高校各个管理层的时间管理都应围绕这一任务展开。

（三）德鲁克的方法

美国管理学者彼得·德鲁克认为，有效的时间管理，首先是记录自己的时间，以认清时间消耗。人类像其他生物一样，生理上有自己的生物钟。但是心理学实验证明，人的时间感觉是最不可靠的。如果把人关在黑房间里，很快他就会丧失对时间的感觉，仅能保持对空间的感觉。但是关在禁闭室内的人，即使有灯管，也不能感知时间的长短。因此，光凭记忆是无法做到时间管理的。身为管理者，总是会有许多的时间耗在毫无贡献的工作上，大量的时间都不可避免地浪费了。

要了解时间是怎样耗用的，就必须记录时间耗用的实际情形。许多有效的管理者都经常保持这样的一份时间记录，每月定期拿出来检讨。至少，有效的管理者往往以连续三四个星期为一个时间段，每天记录，一年内记录两三个时段。有了时间耗用的样本，他们便能自行检讨了。经过练习，管理者们在时间利用上必有进步，但是必须持之以恒，才能保持良好的效果。

其次是要做系统的时间管理。我们先将非生产性的和浪费时间的活动找出来，尽可能将这类活动从时间表上排除出去。比如：找出根本不必要做，做了也是浪费时间的事情。许多管理者经常应邀参加演讲、宴会、担任委员和列席指导之类的活动，他们本身不感兴趣，但总是迫于各种理由不得不参加，从而浪费了很多宝贵的时间。再比如：时间记录上哪些活动可以由别人代为参加而且还不影响效果。在很多的宴会中，事实上只要有公司部分高级管理人员到场即可，并非每次都要总经理之类的管理者亲自参加不可。主办单位只不过是希望把该公司列在请客名单上而已。这就是有关管理者授权的问题。有效的管理者也要学会授权，让下属在其监督下充分发挥自身的积极性、主动性，在节约管理者时间的同时也锻炼了下属的能力。

最后是统一安排可以自由支配的时间。管理者的职位越高，其不能自由支配的时间也一定越多。组织的规模越大，用于维系组织运行的时间花费得就越多。因此，有效的管理者在对自己的时间花费进行记录和分析之后，就要学会集中那些零星的时间，统一安排，做到有条不紊，不被突发事件打乱阵脚。集中时间的方法因人而异。有些高层管理者会在一周中留一天在家办公，除了处理家庭琐事之外也处理工作上的事务。还有些管理者会将会议、审核、问题分析等理性工作安排在一周内的某两天处理，而将其他的日子的整个时间段保留下来用于处理真正重大的事务。

需要注意的一点是，一个有效的管理者对时间的控制和管理并不是一劳永逸的。需要持续不断的时间记录，并且定期对时间记录进行分析，合理有效地做出自己的时间安排。

(四) 考虑不确定性

在时间管理的过程中，还需应付意外的不确定性事件，因为计划永远跟不上变化，需为意外事件留时间。有三个预防此类事件发生的方法：第一是为每个计划都留有多余的预备时间。第二是努力使自己在不留余地，又饱受干扰的情况下，完成预计的工作。这并非不可能，事实上，工作快的人通常比慢吞吞的人做事精细些。第三是另准备一套应变计划。仔细分析将要做的事情，把它们分解成若干单元。考虑到不确定性，在不忙的时候，把一般的必然要做的工作先尽快解决。

在工作中要很好地完成工作就必须善于利用自己的工作时间。工作是无限的，时间却是有限的。时间是最宝贵的财富。没有时间，计划再好，目标再高，能力再强，也是白费。时间是如此宝贵，但它又是最有伸缩性的，它可以转瞬即逝，也可以发挥最大的效力，时间就是潜在的资本。充分、合理地利用每个可利用的时间，压缩时间的流程，使时间价值最大化。

时间管理小故事

课上，教授在桌子上放了一个玻璃罐子，然后从桌子下面拿出一些正好可以从罐口放进罐子里的鹅卵石。教授把石块放完后问他的学生："你们说这个罐子是不是满的?""是。"所有的学生异口同声地回答。教授笑着从桌底下拿出一袋碎石子，把它们从罐口倒下去，摇一摇，问："现在罐子是不是满了?"大家都有些不敢回答，一位学生怯生生地细声回答："也许没满。"教授不语，又从桌下拿出一袋沙子，慢慢倒进罐子里，然后又问学生："现在呢?""没有满!"全班学生很有信心地回答说。"是的。"教授又从桌子底下拿出一大瓶水，缓缓倒进看起来已经被鹅卵石、小碎石、沙子填满的玻璃罐。

一个平常的玻璃罐就这样装下了这么多东西，但如果不先把最大的鹅卵石放进罐子，也许以后就永远没机会把它们再放进去了。生活中那么多事情，其实都可以像往这个玻璃罐里放东西那样，先进行时间级别分类，如根据大学生的日常安排，按照"事分轻重缓急"进行组合，确定先后顺序，做到不遗不漏。如：

A级别：时间紧、具有一定的挑战性、非常重要的事情。如即将到来的考试必须多花时间进行准备。要注意的是：很多人惧怕A级别的事情，觉得太复杂，要耗费太多的精力，同时因为怕困难完不成或者完成得不完美而采取逃避的态度。

B级别：很重要但在时间上没有特别要求。这一级别的事情当前不需要马上交差，但又非做不可，容易在不急的心理中被人遗忘，在最后的关键时刻演变成A级别事件，如两周前老师布置的期中检查作业。

C级别：时间上紧迫但并不是很重要的，可以请别人代劳的事情，如取快件，可以请同学顺便去取。

D级别：时间上不紧迫也不是很重要的事情，有的可以请别人做；有的可以降低标准；有的必须要做则放在零碎时间中进行完成；有的对生活没有益处的事件则建议选择放弃，如毫无意义的闲逛。

第三节 管理者的决策问题

一、决策的含义

决策有狭义和广义之分，狭义的决策是指行动方案的确定或决定。广义的决策是指人们为了达到一定的目标，在掌握充分信息和深刻分析各种情况的基础上，科学地拟定各种方案并加以评估，最终选出合理方案的过程。决策是管理者的重要工作，是管理活动的核心，是管理人员的主要任务。决策贯穿于管理的全过程和各个方面。因此，提高决策的效率和效果是提高管理者管理有效性的重要途径之一。

有效的管理者要集中精力处理重要的问题，他们通常做出的决策是最高理解层次的少数重要决策。管理者在解决问题之前更应该在特定的环境下对所要解决的问题进行分辨，分辨出哪些是常量，区分战略性的和一般性的动向。有效的管理者需要学会区分四种类型的巧合事件：（1）存在于普通时间，它是独立发生的，管理者的日常工作中绝大多数是这种问题。（2）在个别机构看来具有独特性，但是实质上还是一个一般性的问题。（3）真正的独立事件。（4）历史上从未出现过的问题的早期征兆。管理者在做决策时最容易犯的错误就是将一般性的问题理解为一系列的意外事件，在缺乏理解和一般指导原理的情况下按实用主义的原则仓促行事，其结果就是屡遭挫折，徒耗精力。其次就是管理者容易将一项新的事件当成是旧的问题，按照旧问题的处理思路来处理问题，结果是药不对症。

二、决策的分类

（一）按经营决策的重要程度来划分有战略决策、管理决策和业务决策

战略决策是指事关企业未来发展的全局性、长期性、决定性的重大决策。这种决策是为了提高企业的经营效果，使企业的经营活动与内外部的环境的变化保持正

常的协调。它一般是由企业的最高管理层制定。比如新产品的开发决策、投资决策、市场开发决策。

管理决策是指战略执行过程的战术性决策。这种决策是为了提高企业的管理效能，以实现企业内部各环节的高度协调和资源的有效利用。它具有指令化和定量化的特点，一般由中层管理者做出，比如生产计划、设备的更新性决策。

业务决策是指在日常的生产管理中旨在提高企业的生产效率和工作效率，合理组织生产过程的决策，一般由企业的基层管理者做出。比如生产作业计划决策、库存决策。

战略决策、管理决策和业务决策之间并没有绝对的界限，尤其是当企业的规模很小的时候，管理决策和业务决策并没有被截然分开。

（二）按经营决策时间发生的频率划分为程序化决策和非程序化决策

程序化决策指可以按一定的程序、处理方法和标准做出的决策。它解决的是组织中经常重复出现的、常规的管理问题。管理者通常能够根据已有的制度和规则按特定的程序进行决策。一般适用于底层管理者。比如生产方案决策、采购方案决策、库存决策、设备选择决策。

非程序化决策是指受大量随机因素的影响，很少重复发生，也无常规办法可循的一次性决策。它解决的是偶然发生的、新颖的、性质完全不清楚的、结构不甚分明的、具有重大影响的问题。由于缺乏可借鉴的资料和较准确的统计数据，决策者大多对这种决策问题经验不足，所以在决策时没有固定的模式和规则可循。比如经营方向决策、目标决策和新产品的开发决策。

因为制定程序化决策所费的时间少、成本低、效率高，若把非程序化决策转化为程序化决策，有助于管理效率的提高和管理成本的降低。因此，作为有效的管理者，要想提高组织的效率，提高决策的效果，要尽可能多地采用程序化决策。

（三）按经营决策所处环境的可控程度划分为确定决策、风险型决策和非确定型决策

确定型决策是指决策者对每个可行方案的各种可能的结果都十分清楚，而且对每一项措施的唯一结果都完全了解，可以运用数学模型求得最优解，如产量、利润决策可采用线性规划、量本利分析模型，库存决策可用模型，设备的更新改造巨册可采用技术经济分析方法。

风险型决策是指未来各种自然状态的发生是随机的，但是能准确地了解各种情况发生的概率。决策者根据相似时间的历史统计资料或者实验测试等估计出各种自然状态的概率，并根据其大小进行计算分析，选定期望值最大的措施。风险型决策可采用决策收益法、决策树法。

非确定型决策是指决策者无法确定未来各种自然状态的发生，也无法了解各种情况发生的概率，决策者只能完全凭借自己的个人经验、感觉和估计做出的决策。这种决策的正确与否与决策者或者决策集团的经验、认知能力和采用的决策方法等有着直接的关系。

（四）按经营决策目标的数量的多少划分为单目标决策和多目标决策

单目标决策是对现象在某个时点上的状态或者某个使其发展过程的总的结果所做的决策。如企业对当年总产值或者利润额的决策。

多目标决策是对在较长时期内，两个或者两个以上相互关联的目标和相应的行动方案所做出的决策。

（五）按经营决策的方法划分为定性决策和定量决策

定性决策是指决策者主要是依靠其知识、智慧和经验，对无法用数量表现的目标和未来行动方向、方针、原则、性质和类型进行的决策。如组织机构的设置和调整决策、干部的选拔决策、新设备引进决策、新产品开发决策。

定量决策是指决策者运用统计方法和数学模型，对能用数量表现的决策目标和行动方案进行的决策。如投资和生产规模决策、销售额和费用水平决策、利润率和价格水平的决策等。

定性决策容易受管理者主观意识形态的影响，标准也不统一，应尽可能运用定量决策的方法。

（六）按经营决策影响的时间来划分为长期决策和短期决策

长期决策是指事关企业的未来发展方向的全局性和战略性的重大决策，如投资方向的选择、人力资源卡法和组织规模的确定等。

短期决策是指为实现长期战略目标而采取的短期策略手段，如企业日常营销、库存和生产问题的决策。

为了使企业在决策中能达到预期的目的，可以根据实际情况采取不同的决策方式。另外，在比较和选择方案时，常常会根据需要采用多种类型的决策，以避免单一决策方案的片面性，保证决策的正确性和科学性。

（七）按参与对象分类，可以分为个人决策和群体决策

个体决策速度快、效率高、责任明确，但是知识有限；群体决策拥有更多的知识、经验和信息，有助于人们更好地理解决策，更积极、准确地执行，但是耗时多，其优劣势如表 4-2 所示。

表 4-2　　群体决策的优劣比较

群体决策优势	群体决策劣势
1. 知识的更大集中	1. 社会压力
2. 不同观点的碰撞	2. 少数人统治
3. 更大的理解力	3. 互相吹嘘
4. 决策的接受性	4. 目标转移
5. 训练基地	5. 集体思维
	6. 耗时多

三、决策思想科学化的内容

（一）合理的决策标准

由于管理者的决策过程受到很多因素的影响，人们认识事物的能力也是有限的，所以主观和客观的差距是难免的。管理者规定的标准也不完全符合实际，经营决策能够达到合理标准也是相对的。所以，有效的管理者不能把决策的目标定得脱离实际，也不能对决策标准要求得过低，达到满意标准即可。

（二）系统的决策观念

企业作为国民经济的子系统，其经营决策必须树立系统观念，要正确处理好国家、集体和个人之间的关系，以提高国民经济系统整体功能。同时，企业本身作为一个系统，管理者在做出决策时也要考虑到内部各个部门之间的关系，只有实现内部和外部的同时平衡，这样的决策才是有效的决策，才能做到有效管理。

（三）差异性的逻辑思维

管理者所采用的思维模式和思维逻辑不是一成不变的，应该根据社会的发展变化而进行改变。在做出决策的过程中，对于不同类型的决策要采用不同的思维逻辑和方法，而不是用一个模式。

（四）民主化的决策风格

管理者在做决策的整个前后过程中都应该贯彻民主的原则，认真听取广大群众的意见，发挥党组织、职代会、工会、共青团及各参谋机构的作用，集思广益，做出有效决策。

(五) 开拓创新的决策精神

管理者在做决策时必须具备开拓创新的精神。如果思想保守，精神不振，不敢担责任也不敢担风险，那么做出的决策也只能是因循守旧，无所作为的。要使决策具有预见性、战略性与先进性，那么决策者就必须具有开拓创新的精神。

四、决策的原则

(一) 信息准全原则

信息准全原则是指为进行决策所收集到的信息必须全面、准确地反映决策对象的内在规律与外部联系。信息的准确性就是信息要能真实地反映经济发展的客观规律，信息的全面性是指要从多渠道收集信息并对信息进行必要的综合和筛选，力求全面地分析所要研究的问题。信息准全并不意味着信息越多越好，决策者收集什么样的信息、收集多少信息以及从何处收集等问题都要进行详细的分析，才能保证信息既准确又全面。

(二) 可行性原则

决策方案必须与企业现有的资源条件相适应，不能超越。可行性是衡量决策正确性的重要标志。管理者应从实际的主客观条件出发，对各种备选方案进行定性、定量分析，做出有效决策。

(三) 优选原则

优选原则是要对各种备选方案进行比较和认真的筛选，优先选择令人满意的方案。评价方案优劣的关键在于方案实施后经济效益的高低。在多个备选方案中选择耗费人力、财力、物力最少，速度最快，需要时间最短，经济效益最理想的方案。

(四) 系统性原则

系统性原则是指决策过程中，要运用系统分析的理论和方法，对决策对象进行全面的分析和论证，同时兼顾各种利益关系，协调各种矛盾，达到整体功能的最佳效果。

(五) 利用“外脑”的原则

利用“外脑”的原则是指在决策的过程中要发挥专家智慧，利用智囊团，实施民主化决策。现代的决策都是在错综复杂的动态系统中进行的，有着复杂的外部环境，为了提高决策的科学化水平，在确定目标、拟订方案、方案选择、组织实施的各个阶段，都要重视专家、顾问、智囊团的作用，发挥集体智慧，让决策真正建立在民主化、科学化的基础上。

（六）追踪监控的原则

决策不是一个单一、片面的过程，在将决策方案付诸实践的过程中还要及时监控，做好信息反馈。根据环境的变化，采取及时、有效的措施来纠正偏差，以使实际情况与目标追求保持一致。

（七）决策的特点和本质

决策的客观性：决策是在客观条件下，按照客观事物的内在发展规律及与其他关联事物之间的内在联系进行的。

决策的主观性：是指决策受决策者本身的认识、思维的影响。

古典经济学理论将决策看作一种客观选择；行为决策理论将决策看作相当程度上的主观选择，但是不否定决策的客观性。决策其实是一个由主观认识反映客观事物并且作用于客观事物的过程，是一个主观与客观相互制约、相互作用、相互促进的过程。一方面是针对行动目标和实现目标途径的主观选择，另一方面这种主观选择又不是盲目的、随意的，而是建立在对客观世界或事物的认识的基础上，要符合客观现实及其发展变化。

因此，对于管理者来说，要想避免决策失误，要么尽量减少决策的主观成分，要么保证主观符合客观，与客观相统一，既不超前也不落后。

第四节 管理者的效率与效果

有个人背着一个沉重的包袱赶路，累得满头大汗，筋疲力尽。他忽然发现路旁有一尊佛像，便想去拜拜佛，顺便歇歇脚。来到佛像前，他把包裹放在身旁，跪在佛像前，双手合十，两眼微闭，一边拜佛，一边十分虔诚地为自己祈祷。

他的祈祷和别人不一样，只听他轻轻地说：“佛爷呀，保佑我的包裹轻一点儿吧！保佑我的包裹再轻一点儿吧！”不料，就在他闭目祈祷时，有个小偷乘机偷走了他的包裹。那人祈祷完毕后，睁眼一看，发现自己的包裹不见了，忙又跪倒，举起双手，合十过顶，喃喃地祈祷说：“佛爷呀，这样做可不妥当呀！”

为什么不妥当呢？是让包裹轻一点儿的愿望没有实现吗？不是。他的愿望已经实现了，而且比他所祈求的更为彻底。

有一句名言说，真理再向前迈出一步就是谬误。事实上这是一句误尽苍生的话，使真理变成谬误的不是迈出的这一步，而是这个“真理”从一开始就是虚假的所谓“阶段性”的“真理”。比知道变成谬误才发现真理是假的更令人沮丧的事情，莫过于拼尽全力高效率地工作之后，却发现自己是在南辕北辙，与原来的目标背道而驰。这是那个祈祷者的不幸，也是所有“穷忙族”都曾经遇到过的不幸。

效率可以提高我们的产出，使我们的收入有所提升，但是“效率第一”这个口号是大错特错了，无法让我们避免沮丧和后悔。因为节约时间和效率都属于方法的范畴，并不是完整的科学。一味讲求方法，会失去一种比方法更为关键的东西，那就是战略。

很多人都知道，能否在自己的事业生涯中取得成功，秘诀就在于搞好时间管理，他们懂得许多节省时间和提高效率的方法，能够高效地做事。从人的一生的角度来看，在生活和工作中不能只追求效率，更要注意效果。效率只是在一定目标和方向上的过程表现，而效果才决定方向和目标这一类根本问题。“穷忙族”要想成功地进入“富闲”状态，必须学会从一生的战略角度来进行管理，这才是工作的最高境界。

著名的时间管理大师肖恩·柯维说，各行各业的人——医生、院士、演员、政治家、职业企业家、运动员和管道工——都是常常为得到更高的收入、更多的承认或者某种程度的专业能力而奋斗，陷入了事务性的圈子，为生活忙忙碌碌，在成功的阶梯上奋力地攀登，可到头来却发现梯子靠错了墙。

这是许多“穷忙族”最容易犯的错误，他们往往把大量的时间和精力浪费在了无用的事情上。我们奋力争取的名望、成就、金钱或者其他一些什么东西可能甚至不是梯子该靠的墙的一部分，结果我们每爬升一步就向错误的地方接近一步。

从珍惜时间到提高效率，是在时间的认识和运用上的一次层次提升，但仍然停留在方法的层次，而没有跨越到应有的战略高度——追求效果。

每天我们一睁开眼睛，就会有无数的工作等待着我们去处理，而且有许多问题看起来还显得非常紧急，比如响个不停的电话，下一个小时的某个会议，给某个重要人物的回信等。在多数人眼里，这种忙忙碌碌的情境是天经地义的，而且也没有任何其他方法可以代替。

但是实际上，每个人一天所做的事情中，至少有 80%是并不重要的。换句话说，可能我们每天 80%的时间和精力是在正确做事，却不是在做正确的事。管理大师彼得·德鲁克曾在《有效的主管》一书中简明扼要地指出："效率是'以正确的方式做事'，而效果则是'做正确的事'。"只有当我们实现了预定目标时，才可以说是有效果的，它涉及的是活动的结果，首先要求我们做正确的事情，而不是正确地做事情。总结这个世界上所有能够让人成功和快乐的方法，其实可以概括为德鲁克在上面所说的"做正确的事"。

很多人在高效率地做无益于自己未来的事情，一件接着一件，但实际上却是在南辕北辙。要避免这种情况，必须使活动的每一步都指向预定的目标，即追求活动的效果。效率和效果是互相联系的，注重效率可以让我们更快地朝目标迈进；而注重效果则可以确保我们的工作是在坚实地朝着自己的目标迈进。一方面，如果我们不考虑时间和资金成本的话，我们必然能把更多的事情完成得更完美，实现更精确和更吸引人的成果，甚至可能提升到完美的程度。也就是说，如果我们不顾效率的话，可以很容易地收到效果。

但为什么没有人会这样做呢？按道理来说这样完成的工作也是有效果的，但效率太低，也就是说，工作是做了，但时间和其他成本太高了。因此，我们不仅要使活动达到目标，而且要做得尽可能有效率。

但是另一方面，我们的工作有可能是有效率的但却是无效果的吗？完全可能，正如开头那位南辕北辙的人一样，那种一心要把错事干好的人就是如此！

有一位德国将军曾对军官作了如下分类："我把军官分为四类：聪明的、愚蠢的、勤快的和懒惰的。每个军官至少具有上述两种品质。那些聪明而又勤快的人适宜担任高级参谋，而那些又蠢又懒的人可以被支配使用。聪明而又懒惰的人适合担任最高指挥，他具有对付各种情况的才智和胆略。至于愚蠢而又勤劳者，那就危险了，应立即予以开除。"

所谓应该被开除的愚蠢而又勤劳者，实际上就是那些干事非常有效率，但是效果却往往与初衷背道而驰，甚至造成不必要麻烦的人。效率与效果是互为前提的，如果没有对方，无论是效率还是效果都将毫无意义。

在效率观念已经深入人心的今天，我们更应该强调效果观念。

正如德鲁克所说，效率和效果不应偏废，但这并不意味着效率和效果具有同样的重要性。我们当然希望同时提高效率和效果，但在效率与效果无法兼得时，我们首先应着眼于效果，然后再设法提高效率。

对于历史上南辕北辙的故事不应一笑而过，因为我们很多人也正在不知不觉地扮演故事中的主角，赶着自己的马车飞快地与目标背道而驰。也许我们应该听从麦肯锡资深咨询顾问奥姆威尔·格林绍的建议：我们不一定知道正确的道路是什么，但却不要在错误的道路上走得太远。

因此，在管理理论中效率和效果并不是一回事。效率是指投入和产出之间的关系。它常常用产出/效率来表示，追求的是以尽可能少的投入获取尽可能多的产出。效率涉及的是活动的方式，通常指“正确地做事”。效果是管理人员在工作过程中实现组织目标的程度，涉及的是活动的结果，反映活动目标实现情况，通常指“做正确的事”。有效管理是追求效率和效果的统一，两者同构成管理工作的两个层面。管理不仅关系到使活动达到目标，而且要做到尽可能有效率（见图 4-2）。低水平管理绝大多数是由于无效率和无效果，或者是通过牺牲效率来取得效果。

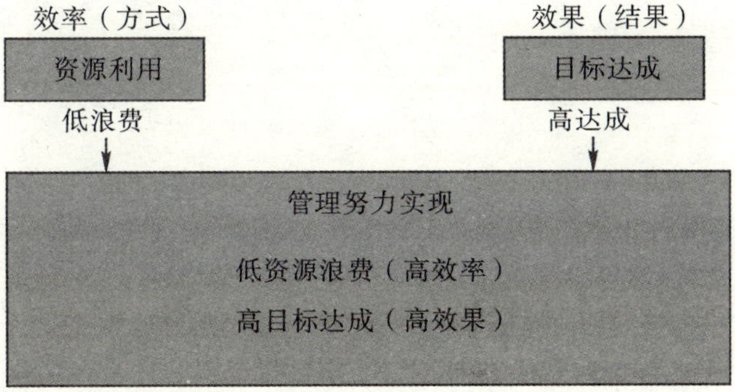

图 4-2

资料来源：斯蒂芬·P. 罗宾斯. 管理学. 孙健敏，等，译. 中国人民大学出版社，2004.

所以，管理工作者应该尽可能通过对组织的有效管理，实现管理活动的高效率和好效果，要防止高效率、差效果和好效果、低效率现象的出现。

有七个人住在一起，每天共喝一桶粥，显然粥每天都不够。一开始，他们抓阄决定谁来分粥，每天轮一个。于是乎每周下来，他们只有一天是饱的，就是自己分粥的那一天。后来他们开始推选出一个道德高尚的人出来分粥。强权就会产生腐败，大家开始挖空心思去讨好他、贿赂他，搞得整个小团体乌烟瘴气。然后大家开始组成三人的分粥委员会及四人的评选委员会，互相攻击扯皮下来，粥吃到嘴里全是凉的。

思考题

1. 怎样做才能让每个人都吃到热腾腾的粥，而且彼此之间不会相互扯皮？
2. 你认为管理的真谛是什么？
3. 你认为应该如何做一个有效的管理者？

第五章 实践中的管理者技能与艺术

第一节 自身素质

一个人的素质基本上是以世界观为基础的，与所持的政治方向是密切相关的。但是，即使世界观相同，政治立场一致，所持的伦理道德内涵，特别是行为观念与作风也会有所不同，这个道理是显而易见的。更微观一点讲，对不同领域、不同层次的管理者的素质要求，就有更大的差别了。所以，这里只能从基本的、有共性的方面，讲一下管理者应有的素质。人的成功与失败，情况是比较复杂的，与环境、机遇和个人努力等因素都有关系，但更重要的因素是人的品行素质。美国哈佛大学教授乔治·赫华斯根据大量的调查认为："事业的成败在于人品的优劣。"成功的人重要的是有高尚的品格，事业上的失意，大多由品格低劣及不能自我调节所致。他的分析是有道理的。日本产业能率大学所编的《管理者》一书也强调，企业发展的关键要素是管理者的热情与能力。两者的见解基本一致。一个管理者如果没有高尚的品格和良好的作风，不仅自身不能进步，而且更重要的是，必将给所管理的事业造成重大损失。所以，作为管理者不能不予以高度重视，并不断地加强修养和提高自身素质。

一、为人要正派

管理的核心是人，管理工作在强调被管理者的素质和能力的同时，也应注重管理者自身素质和能力的提升。管理者的为人是管理者素质和能力的重要内容，也是为人处世的立足点，它决定着管理工作的成效。一般来说，组织的管理者应为人正派，要有献身精神、责任心和进取心。

二、要廉洁

应遵纪守法，以诚实的劳动为国家社会创造财富，提高和改善职工的生活水平。只有公正廉洁，精神才有寄托，才能建立威信。相反，有无穷的私欲，违法乱纪，必将身败名裂。

三、要有实事求是的精神

理论联系实际，讲究实效，不搞形式主义，不弄虚作假。

四、要有苦干精神

任何成功，都是通过艰苦奋斗取得的，《红楼梦》中有一句话："成人不自在，自在不成人。"特别是，在当今改革、竞争的时代，作为管理者经常会碰到困难和挫折，没有一种顽强的拼搏精神，是难以在事业上成功的。

五、要有更新观念

当今世界，生产力水平的发展与往昔相比，日新月异，科学技术的发展，一日千里，在这样的总背景下人们的社会观念、思维方式、价值观念，都不能不有所变化。譬如，中国的传统文化认为："君子喻于义，小人喻于利。"现在看来，这至少是不全面了，至于"君子耻言功利"的看法那就更错误了，这与商品观念、竞争观念是完全相悖的。在当今竞争时代里，一个管理者因循守旧，墨守成规，不仅不能发展、进步，而且将无立足之地，因为事物是处在运动变化之中的，"生命在于运动"，社会也是如此。安于现状，怕担风险，不求有功但求无过，那是小农经济的观念。在历史上，即使是自给自足的封建社会的有识之士，也不以此为然，而认为"王者之政，变人心为上，因人心次之，不变不因，循常固守者为下"（《旧唐书·彭偃传》）。

六、要有竞争观念

我国还处在社会主义初级阶段。以前按照前苏联模式的计划经济组织生产，由国家统一按计划投资，统配供应设备和原材料，产品由国家包销统一分配，认为这是社会主义的优越性，而实际上所谓的计划，主观随意性很大。从理论上讲，这种计划也不能做到供给与需求的协调，而且盈亏无人负责，职工与企业的利益也不能同生产密切挂钩，所以生产缺乏动力，职工劳动报酬又实行平均主义，搞大锅饭，不能调动职工的积极性。中华民族以吃苦耐劳著称于世，艰苦奋斗，自强不息，但是僵化的体制将人们养成了懒汉。不改革，经济发展就不能符合社会主义初级阶段的客观规律，所以必须采取与社会主义初级阶段生产力水平相适应的市场经济体制。市场经济的基本特征就是按价值规律办事，组织生产由市场需求来确定，通过市场竞争调动企业和职工的积极性，当然国家在宏观上仍需要抓好调控，即实行“社会主义市场经济”。竞争就是按价值规律办事，谁的产品质量高、品种对路、价格低，谁就能占领更大的市场，取得更大效益；优胜劣汰，谁在科技进步、管理科学化、人才素质方面占有优势，谁就能取得效益，谁只追求产值，而不问能否销售出去，就必然在竞争中被淘汰。竞争是推动生产力发展的重要手段之一。在管理者的观念上，对于这个问题是应该明确的。当然，在我国的竞争，不是以搞垮对方为目的，而是在共同前进中进行平等的竞赛。树立竞争观念，不仅是推动生产发展的动力，而且也能激励人们振奋精神，不甘落后。有竞争意识，才能有上进心。

七、要树立科学观念

科学技术是生产力，而且是生产力中的高层次的关键要素。邓小平同志以马克思主义分析总结了第二次世界大战以来，科技与经济发展的密切关系以及科学技术对经济发展产生的巨大作用，概括出“科学技术是第一生产力”，对此我们要有深刻的理解。作为管理者，树立科学观念主要应明确以下几个问题：首先，充分认识科学技术的巨大力量。其次，要坚定不移地依靠科学技术发展生产力。作为管理者，我们应该明确工作的总目标就是发展生产力，为国家社会创造经济效益、社会效益，而且还要明确依靠科学技术进步来发展生产力。靠拼资源消耗，搞人海战术，是不能够持久的，经济发展是不会有后劲的。

八、要有时效观念

关于时间的宝贵，要珍惜时间，人类对此已早有共识。中国古谚语说道：一寸光阴一寸金。美国前总统本杰明·富兰克林也讲过：“时间就是金钱。”当今在中国，企业家们也把“时间就是金钱，效率就是生命”作为座右铭。实际上，时间比金钱还宝贵，“黄金有价，光阴无价”，中国古诗中就讲了这个道理：“古人惜光阴，贵于惜黄金。光阴金难买，黄金失可寻。”事实确实如此，当你已经搜集了充足的资料，理清了思路，有了灵感，正当最后冲刺，夺取更大成果的时候，你或因衰老或因疾病，而没有了时间，未竟之业，未能如愿以偿，那是多么令人痛心和遗憾呀，是金钱可以补偿得了的吗？当然，今天我们讲“时间就是金钱”，已赋予它新的含义，即指，只有讲求时效，才有可能取得更大的效益。

对于管理者来说，“时效”有两层意思：一是抓住机遇，即时果断行动，不要错过机会。“机不可失，时不再来”。当今科学技术、经济、社会生活的变革，信息传递的现代化，使得人们的生活节律高速化。在竞争中，办事效率、捕捉机会成了决定成败的重要因素。有几个典型的事实可以说明这一道理。举世闻名的希腊船王奥纳西斯，他原本是穷苦的雇工，艰苦拼搏，创办了一个烟草企业，小有资本。1929年，资本主义世界爆发了有史以来最严重的一次经济危机，整个世界经济陷入衰退混乱之中，多少企业家茫然若失，不知所措，而奥纳西斯却认为，事物总是在曲折迂回中前进的，危机，也许就是机会。他分析，经济危机、“生产过剩”、物价暴跌是（当时的）现实，但是经济总有复苏的一天，那时物价就会上涨，甚至暴涨，现在如趁机买进便宜货，以后就能以几倍、十几倍的高价卖出去。当时，商业贸易不景气，使海运事业更暗淡无光，1931年的海运量仅为1928年的35%，许多公司大体上以废铁的价格抛售船只，奥纳西斯看准了，果断地以自己的全部资产购买了船只。到第二次世界大战爆发后，海运业有了神奇的转机，他成了暴发户，第二次世界大战后，他又预感到工业的复兴，能源的开发与运输必定兴起，尤其是石化工业会大发展，石油运输必定是最大有可为的生财之道。他认为这是天赐良机，要敢作敢为，及时地建造和购买油船，后来果如所料，成了世界船王。无独有偶，爱国华侨著名企业家包玉刚的事业发展与希腊船王奥纳西斯的道路十分相似，可以说是异曲同工。他也是及时抓住机遇，而成为世界上名列前茅的海运企业家，类似的例子不胜枚举。但是也有不少人，当机遇向他走来的时候他不以为然，反过来抱怨好运不来，这大概就是素质水平的问题了。其实，作为一个管理者、决策者，不仅应该善于捕捉机遇，而且还应该能主动创造机遇、迎接机遇。然而，这种功底，要有意识地去培养锻炼，著名科学家巴斯德说过：“机遇偏爱有准备的头脑。”否则将是“身在宝山不识宝，相逢仍是陌路人”。作为管理者，特别是高层次领导者、决策者，具有判断机遇、抓住机遇、乘势进取的能力是很重要的。不能及时将机遇抓住，穷追不舍，那将是“情景一失永难摹”。“智者贵于乘时”，就是这个道理。

二是提高时间的有效价值，提高时间的利用率。随着社会的现代化，生活节奏的加快，时间变得更为珍贵，要求办事要节省时间，行动要迅速。在军事上，古代即已认识到“兵贵神速”。延误了战机，敌方就有了准备的时间，所以要求军事行动要快，快就能赢得时间，赢得时间就可以赢得胜利。在经济上，赢得了时间，在市场竞争中就能抢前一步，就会占据优势。所以，美国的《企业管理百科全书》将能否有效地利用时间、管理时间，作为评价管理者是否成熟的一项重要标志。

九、要有系统观念

树立系统观念，是管理者素质的重要内容。管理者应该全面、完整地去认识事物、分析事物。考虑到局部与整体的关系，远期与近期的关系，分工与配合的关系等，而不能片面、孤立地认识问题、处理问题。特别是当今时代，科学技术的进步，市场经济的发展，工业大生产方式的推广，使得很多事物变化多端、错综复杂、互相牵制、互相影响、不可分又可分，有一环处理不当，对全局产生的后果就可能是很严重的，有“牵一发而动全身”之势。

十、良好的作风与习惯

如坚强刚毅，勤奋进取，忍耐宽容，关心他人，与人为善，善于与人合作，能以身作则，身体力行，在生活习惯上也应注意自己的形象，豁达大度，整洁大方等。

考评一个管理者的品格优劣，美国哈佛大学的管理专家们认为可以看看以下几条：(1) 是否乐意与人竞争；(2) 有无简化复杂事物而抓住重点的能力；(3) 是否受到人们的信任；(4) 能否接受批评与制怒；(5) 是否懂得尊重人并认真去做；(6) 对人对事有无弄虚作假的行为；(7) 是否功归自己，罪推他人；(8) 是否自负、骄傲；(9) 是否懒惰、挥霍；(10) 是否胆大妄为，出尔反尔。

以上所述的管理者的素质，有的是针对国外情况讲的，有的是针对国内情况讲的，但都可以作为我们管理者加强自身素质修养的参考。

第二节 人际关系

人人都希望自己能有一个美好的人际关系世界，都希望能拥有多一些朋友，并与他们保持真挚的友谊。

进入现代商场，也就等于进入了一个公共关系时代，你必须在很多方面能协调各方面的各种关系，因为很多人和你的工作要发生关系，于是“关系不是万能的，没有关系是万万不能的”。为了你的利益，你得认识他们、了解他们、尊重他们，做到人际关系的水乳交融。所以，建立良好的企业人际关系，创造一个文明，健康，友爱，宽松的人际环境对于加强人与人之间的团结，提高工作效率，增进职工身心健康，保证各方面工作的正常运转，促进社会主义两个文明建设，都具有重要意义。从管理者的角度看，处理人际关系的意义主要表现在以下三个方面：

一、科学处理人际关系是调动职工积极性，保证企业目标实现的基础

“巧妇难为无米之炊”。实现企业目标，必须建立在一定的客观条件和基础上，否则，能力再高、本事再大的管理者，也将一筹莫展。那么，就企业内部而言，保证企业目标实现的最基本、最重要的条件，在于充分调动和激发企业广大职工的积极性。正如《中共中央关于经济体制改革的决定》所指出的：“企业活力的源泉，在于脑力劳动者和体力劳动者的积极性、智慧和创造力。”调动起职工的积极性，虽然方法、途径颇多，但是最基本的方法，就是尽最大限度满足职工多层次、多方面的正当需求。其中一个重要方面，就是企业内部有个宽松、祥和、文明的人事环

境，人与人之间互相关心，互相支持和帮助，上下级坦诚相待，和睦相处，同事之间感情融洽、配合默契，这样职工就会感到安全、愉快、幸福，促使大家为企业的利益和荣誉，加倍努力工作。如果相互冷漠无情、自私自利，毫不关心他人，甚至以“白眼”相见，这样，势必视企业为畏途，带来不必要的烦恼，产生沉重的精神负担。试想，一个没有凝聚力的群体，怎么能在商品经济激烈竞争的时代稳操胜券呢？

职工是活生生的有思想、有感情的人，他们生活在社会上、企业里，处处要与人交往，需要温暖和友谊，这是由人的社会性所决定，是其他一切物质因素所无法代替的。因为任何人都不可能与世隔绝，去独立工作相生活，总是要和他人、集体结合起来才能活动，顺利完成工作生产任务。从原始社会的集体狩猎到今天的社会化大生产，人类一直在群体活动的方式下生存发展的。因此，人们必然对自己生活的群体抱有一定希望和要求，若能得以基本满足，就能激发高昂的干劲和工作热情。因此，企业管理者要从自身做起，并通过多渠道的努力，调节好人与人的关系，在企业内部创造一个良好的人际环境，这样才能有效地调动职工的工作积极性，使企业上下左右真诚相处，同心同德，团结合作，同舟共济，为实现企业目标而奋发工作。

二、正确处理人际关系是发挥管理整体功能，提高企业效益的关键

历史的实践证明，人在发展社会生产力中的作用，并不是每个个人力量的简单相加，而是取决于人们结合和协作的方式，取决于人与人之间的相互关系。人与人之间的关系，由于结合方式和结构的不同，协调程度的差异，而整体效应力量的发挥，则有本质的差别。俗话说：“众人一条心，黄土变成金。”“三个臭皮匠，顶个诸葛亮。”这就是说，人与人之间结合得好，整体效应就能得到最大限度的发挥。反之则是“一个和尚挑水吃，两个和尚抬水吃，三个和尚没水吃”。这表明，人与人之间协作得不佳，其整体力量就很小，甚至等于零。因此，我们要通过各种手段，想方设法把职工协调组织好，使彼此心情舒畅，造成人员组织的最佳结构，建立起社会主义人与人之间团结、协作、互相帮助的新型人际关系，在交往中理解，团结中互助，形成“九牛爬坡一个劲”的局面，发挥整体功能大于部分之和的作用。唯有如此企业的各项工作才能不断取得新的成效，企业的经济效益就会得以提高。因此说，搞好企业内部的人际关系对于提高企业的效能和效益，都显得十分重要。

三、善于处理人际关系是实施管理必备的一项重要技能

企业管理者的任务与职能，就是动员和组织企业全体职工，高质量地、良好地完成各项工作任务，为实现企业战略目标而共同努力的管理过程。管理工作的真谛

就在于，最大限度地发挥自己的影响力，充分调动广大干部职工的积极性，从而搞活企业，推动企业的发展。企业管理实质上是对人的管理。要管理好人，除了采取行政指挥，经济手段，靠制度约束外，更重要的是感情影响、人际吸引，靠聚合力。待人处事要有良好的态度，要善于沟通，长于交往。对上，尊重依靠，正确领会意图，主动分忧解愁，赢得帮助支持；对下，理解信任，平等待人，通过非权力因素确立自己的领导权威。现代管理理论强调以人为中心，尊重人，体贴人，关心人，是实现管理人的捷径。古人吴起说："先和而造大事。"和不成，则事难成。只有在上下左右、前后内外、平行同事等方方面面，都建立起祥和宽松、信任支持、充满友好理解的人际环境，才能使企业形成有凝聚力的群体。可见，掌握与运用人际关系处理的这一技能，是企业管理者通往成功之路的重要"武器"。

第三节 有效激励

国外有人做过这样的调查：按时计酬的职工每天一般只需发挥20%~30%的能力用于工作就足以保住饭碗。但是如果能充分调动其积极性，那么他们的潜力将发挥到80%~90%，这之间的差额用于提高劳动生产率，其效果是可观的。这就需依靠有效的激励！

有人说，美国人均工资比我们的人均工资高多了，所以它富有。真是这样吗？如果真是这样，那我们就建议政府提高我们的平均工资吧。但你肯定不会同意这个政策建议，你会说，提高工资水平将带来通货膨胀和失业等。这说明，中国与美国的差距不是工资水平不同造成的。事实上，工资水平不同只是贫富不同所显露出来的一个结果。

贫困的真正根源是什么？我们来一层一层地剥开这个问题。我们衡量一个国家的贫富是通过这个国家每个人占有财富的多寡来确定的。为什么不同的国家人均占有的财富多寡不同？最合理的解释就是不同国家每个人的生产能力和生产绩效是不同的，即劳动生产率不同。在相同的时间里，一个美国人比一个中国人创造的财富（产品或劳务价值）高得多，所以美国比中国富有得多。生产率的差异造成国家间的贫富差距，这是一个最根本的认识。它对于我们的政策含义的解释是：要使国家富裕的政策必须是能够使劳动生产率得到提高的政策。所以经济学有时是很简单的，一切经济学的研究，最终目的都是促使劳动生产率的提高。然而很多人却认识不到这一点，他们提出许多的建议并没有达到提高生产率这个目的，有的甚至严重伤害了生产率。

进一步分析，我们会发现，劳动生产率的高低与这样一些因素有关：劳动者的积极性、劳动者的生产能力、生产使用的技术设备、市场组织和分工与交易等。由此，我们可以制定我们走向富裕的策略，那就是重点提高劳动者的积极性和劳动者的生产能力。因此，激励机制的建立就是一个消除贫穷的直接措施。在这一方面政府政策的作用是最突出的，有效的激励政策能够引起预期效用，带领全民族致富。

松下幸之助有一句名言：“企业最好的资产是人。”要使企业的每个人都有主动性、积极性、创造性和高效率地工作. 要使一个企业有活力有生机，激励就是一切。但是每个企业最严重的问题又都是“人”的问题。如何使人尽其才，才尽其用，充分发挥员工的潜能，一直是困扰企业发展的“瓶颈”，也是人力资源管理中的一个重要命题——激励。管理大师彼得·德鲁克曾经说道：经营者的任务不在于改变人，而在于有效的用个人长处，以增强组织的工作效果。因此，有效的激励机制的建立和运作是一个企业成长的关键。也许你可以干两个人的活，但是你成不了两个人，你必须全力以过去激励另一个人，也让他去激励他手下的人。有效的良性的企业激励机制是企业发展的动力源，是企业的生命。现代企业的所有者和经营者，大概没有谁不把“激励”挂在嘴上：但令人困惑的是，几乎所有的管理人员都在抱怨下属缺乏工作热情，而下属则抱怨企业在报酬和提拔上有种种不公。尽管许多企业正在努力改进激励机制，如引入绩效考核，报酬与绩效挂钩，然而效果似乎并不理想，有些甚至比原来更糟，致使“激励”成为一个美妙而虚幻的神话。

一位管理学家曾经说：“员工培训是企业风险最小、收益最大的战略性投资。”人力资源的培训开发正在成为世界范围内企业关注的问题，“终身教育”、“学习型组织”的提法和概念都表明人力资源开发已成为企业增强自身竞争力的重要途径。有的企业甚至把人力资源开发作为一项重要的发展战略。如爱立信中国公司，目前正在为它的管理人员提供5年后所需要的技能的培训开发项目。美国的工商企业每年投入300万美元用于员工的技能培训。美国政府提出要求，一个在100人以上的公司每年必须投入工资总额的15%用于员工培训。近几年来，我国政府对于企业管理者的培训开发也给予了高度重视。为什么培训在企业中是有效激励的一个重要手段呢?

首先，从员工角度来看，学习提高是人的天性，每个人都希望能有机会进修培训。通过培训可以使员工获得发展，满足员工自我实现的需要。

其次，从企业发展的角度来看，企业发展需要一批能够适应时代发展，具有创新意识和创新精神的员工和管理者，而知识的更新换代非常快，技术革新，管理创新，思想变革需要通过培训来实现，即使是企业的管理理念和先进的管理方法，也都需要通过培训为所有的企业员工所掌握。

尽管培训是一项重要的人力资源投资，企业也越来越重视培训工作，但是要想使培训成为一种有效的激励因素，就应该尽可能地让一些有吸引力的培训项目成为一种奖励，通过这些培训项目的给予来激励员工。根据有关调查，进修培训已经成为许多员工很看重的一个条件。如果某个企业可以给员工提供良好的进修培训机会，虽然薪水比另一家没有任何培训机会的企业略低，许多高素质的员工也更愿意去这家有进修培训机会的企业。这是因为，大多数高素质的员工在一个企业工作并不仅仅是为了挣钱，而是更希望通过工作得到发展和提高。为了更好地发挥培训的激励作用. 许多企业开始设计出一些与培训相关的奖励措施。下面这些举措就是许多企业都有的：送优秀员工去参加一个带有旅游性质的培训班；组织业绩突出的员工去外地参观著名企业；鼓励员工利用业余时间进修学习，并对成绩突出者给予奖励；让一些有培养潜力的员工参加专门为经理举办的管理培训班；定期选拔优秀员工出国考察等。所以，企业人力资源部门应该根据本企业的实际情况和具体的人力资源规划，结合员工个人的职业生涯规划，不断地开发新的培训课程，通过培训的方式给员工加油，激励员工更高效率地投入工作，促进企业的持续发展。

第四节　良 好 沟 通

沟通传送的意义，包含知识、技能，更包含态度、情感。管理者学会“用心说话”用自己的情感打动人是至关重要的。西方一些领导学研究者认为，对于管理者来说，引导与情感是两个重要的品质。温家宝 2007 年 4 月出访日本，被称为“融冰之旅”，所到之处，用真心、真情打动日本政要和民众。4 月 12 日，日本国会众议院议会大厅，中国总理第一次站在这里。面对约 480 名日本议员，温家宝将中日友好交往的历史娓娓道来。11 次鼓掌，11 次共鸣，中日关系站在新的起点。在演讲结束之后，当天温家宝即打电话给他近九旬的老母亲。老人家说：“你讲得很好，是用心说的。”温家宝访日的这一细节打动了安倍首相和所有的日本民众。

温家宝在日本国会上的演讲，虽然篇幅不长，但字字句句饱含深情，如与亲人拉家常，如与朋友“掏心窝”，从而感动了全场日本议员。演讲结束后，议员们全体起立，掌声经久不息。安倍首相对温家宝的演讲给予高度评价，认为可以载入史册，并自嘲说：“我在国会从来没有得到过这么多掌声。”温家宝这次“融冰之旅”的演讲，把一个大国领袖的风采淋漓尽致地展现在世人面前，不仅感染了日本民众，而且也感染了全中国人民。时至今日，人们仍能感受到当时的那种澎湃、激昂、油然而生的民族自豪感。综观温家宝的演讲，笔者认为，他从始至终贯穿和渗透着一个“诚”字，说的是真心话，掏出的是肺腑之言。温家宝是一个权富感情，也善于表达思想情感的人。这源自他对中日友好源远流长历史的珍视，源自对中日友好合作发展的信心，源自对两国人民的真心热爱。他在讲到中日两国友好交往的历史时，深情地说“我们共同拥有的历史传统和文明财富，值得倍加珍惜，代代相传，发扬光大”。表明了我国在中日友谊与合作上的最大诚意。他在讲到需要总结和汲取不幸岁月的历史教训时，诚挚地说“日本发动的侵华战争，使中国人民遭受了深重灾难，也给日本人民带来了巨大苦难和创痛”，并重申中国政府和人民历来坚持向前看，一贯主张以史为鉴、面向来来，强调以史为鉴，不是要延续仇恨，“中日和则两利，斗则俱伤”，充分表达了中国政府和人民不忘历史的态度，同时也给日本国会和民众传达了中国人民的宽厚胸怀。温家宝在讲到未来合作发展时，提出了五项原则，并诚心地说“与国人交，止于信”，“与朋友交，言而有信”。温家宝的真情告白，融化了全场议员和日本民众的心。最后，温家宝还以扬州大明寺鉴真纪念堂石灯笼的灯火长明不灭为喻，引用日本“尽管风在呼啸，山却不会移动”的谚语，言真意切地展望了中日关系未来的光明前景。日本参议院议长扇千景高度评价温家宝的演讲，说使她“感慨万分”，“中日关系的冰已融化”。温家宝的“用心说话”，实现了“融冰之旅”的初衷，获得了海内外一片喝彩。真心方能赢得真情。“用心说话”最具感染力、凝聚力，达不仅是一种精神状态和工作方法，也是管理在从事各种管理活动中最基本、最重要的工作要求。在这方面，温家宝身体力行，为我们树立了光辉的榜样。

在工作和生活中，沟通无处不在。从某种意义上来说，沟通决定着一个人说话办事的成败。一个人要想在工作和生活中畅通无阻，不掌握一定的沟通方法与技巧是不行的。沟通无定法，因人而异，因时而弄，因事而弄，才能使沟通顺畅。情感是一种催化剂，它可以加快、减缓或抵冲人际沟通的效应，因此，我们必须讲究沟通中的情感效应。例如，在企业管理中，就需要融入情感，即所说的情感管理。这种管理方法就是管理者以真挚的情感，增强与员工之间的情感联系和思想沟通，满足员工的心理需求，形成和谐融洽的工作氛围的一种管理方式。

情感管理将企业目标与员工个人心理目标有机结合起来，在企业目标实现的同时，员工个人心理目标也得到实现。情感管理的宗旨就是为了协调企业与员工之间的利益矛盾，谋求企业与员工共同发展，为了一个共同的目标，促使员工自觉管理。当今西方国家许多优秀企业很重视加强情感管理，如为了尊重员工，摩托罗拉公司一方面不断致力于改善员工的工作环境，另一方面，也竭力促进员工的发展。同时，摩托罗拉公司高层管理人员十分重视与员工的对话，强调企业与员工共同承担义务和责任。还有诺基亚的“以人为本”的管理理念，培育员工主人翁精神和自律性，形成同事间的相互比较、挑战自我的环境等做法，都是很好的例子。

企业管理者在处理企业与员工的关系时，如果能恰如其分地将情感融入其中，可以大大缩小企业与员工的心理距离。在与员工的更多接触中，言行一定要发自于心，这样才能加强感情沟通，培养一种亲密、信任的人际关系，建立一种敬业、和谐的合作氛围。企业管理者善于进行充满人情味的情感管理，就是为企业注入减少内耗、理顺人际关系的润滑剂。同样，在个人在求职面试时，如果应聘者能运用一定的表达技巧，促成与招聘方之间的情感交流的话，将对面试结果产生积极的影响。

我们来看下面的这个事例。某机关由于工作需要，公开招聘一名文秘。在招聘会上，前来应聘的人很多，该机关的人事处长亲自主持面试。一位政治教育专业的研究生也前来应聘，他希望能抓住这次机会。在此之前，他了解到这位人事处长的经历也很坎坷——出生在贫困山区，曾当过民办教师，后苦读自学考上大学，被分配到机关工作。相比较而言，研究生觉得他与自己有着相似的经历。当轮到这位研究生面试时，他说："请允许我先说说我的经历。我1990年就参加工作了。那时我刚中师毕业，在乡村当教师，我一心一意教乡下的孩子。虽然在教学，但在学业上我没有停顿，我通过自学获得了大专学历。后来，我觉得那份工作未能让我充分发挥自己的才能，于是决定考研。在完成教学任务的同时，我凭着自己的毅力，每天几乎只睡三四个小时，靠着极强的学习能力自学完所有课程，最后考取了研究生。"在解答"你的专业不对口"这个问题时，他说："也许专业并不是最大的障碍，我认为最重要的是一个人不断学习的能力，我的经历表明我具有接受新事物、不断进取的个性特点。我相信自己可以做好这份工作。"一周之后，他接到了录用通知书。事后那位人事处长告诉他："你的经历，使我看到了自己，我想录用你，也促使我说服别人录用了你。"

从中我们可以看出，这位研究生在面试过程中，充分利用了一切可以利用的因素，尤其是运用自己与人事处长相似的经历，拨动了人事处长的心弦，成功地勾起了对方的回忆，从而形成了心灵共鸣，才促使招聘方最终选择了他。

所以，良好的沟通技巧在工作中、生活中都起着重要作用！

第五节　柔性管理

随着人类社会的发展，管理被不断赋予新的理念、新的思想，可以说，管理是伴随着人类进步而发展前进的。人类社会从小作坊时代到大工业经济时代，工厂规模不断扩大，产品进入大规模生产时代，规模的扩大和产品的大批量生产使得原来的经验管理方式越来越不适应。泰勒的管理巨著《科学管理原理》提供了在大工业经济时代企业的管理理念，为当时的企业管理提供了一套解决方法。世界著名的汽车公司福特就是其典型的案例。福持公司通过对汽车部件标准化，对汽车制造过程进行规范化和标准化，使得汽车能大批量地从生产流水线上进入美国市场。福特的科学管理使得汽车生产形成规模效应，成本大幅度下降，价格随之大幅度下降，使汽车这种奢侈品进入了美国的千家万户，福特公司成为美国汽车市场的霸主之一。

现在，人类社会从工业经济时代发展到了知识经济时代，企业的市场不再局限于国内，国际化和全球化成了企业发展的新趋势，竞争程度的激烈远不是以前可以比拟的，生产更加多样化和个性化，高科技的发展，使生产过程中的技术含量更高；新一代员工受到良好的教育，智力劳动者的比重逐步提高。所有这些新的情况都说明企业的外部环境和内部资源正发生着巨大的变化，企业要在新形势、新时代生存下去，就必须谋求管理组织和管理方式的变革。于是柔性化的企业管理应运而生，它代表了未来管理的发展趋势。

柔性管理是相对于刚性管理提出来的。刚性管理是以工作为中心，柔性管理则是以员工为中心，以人性化为标志，强调在尊重人格独立和个人尊严的前提下，努力塑造企业的共同价值观和文化精神，以提高员工对企业的向心力和凝聚力，从而调动员工的积极性和创造性。通过柔性管理，企业能较快地适应市场形势和消费者需求，及时调整产品结构和营销方法，提高企业的竞争力。

一般认为，柔性是从两条途径引进管理中的。一条是以柔性生产和制造为前提而提出的柔性管理，是从技术上引入管理的，利用计算机智能技术进行敏捷制造、柔性制造等观念。其首创于日本丰田汽车公司，丰田的柔性制造系统就是基于这种思想，体现了应付变化的环境或环境带来的不稳定性的能力。另一条路径是企业文化的途径，是以研究人们的心理和行为规律为前提而提出的柔性管理，是指在“管理中采用非强制方式，在人们心中产生一种潜在的说服力，从而把组织意志变成人们自觉的行动”，最终提高管理效率。它强调的是企业精神价值观和员工的凝聚力。柔性管理其实是上述两方面的有机结合。柔性管理是以顾客需求和员工满意为指导，努力研究人们心理和行为的活动规律，使员工个人的需要与组织的意志相协调，使企业的生产和经营始终围绕顾客这个中心，从而提高生产效率和管理效率。

与传统的刚性管理相比，柔性管理具有更多的灵性。柔性管理是依据组织的共同价值观和文化精神进行的人格化管理，是以人为本的人性化管理。它在研究人的心理和行为规律的基础上采用非强制性方式，在员工心目中产生一种潜在的说服力，从而把组织意志转变为个人的自觉行动。它包含两方面的内容：一是企业组织的柔性化，企业的管理组织是随企业环境的变化而不断变化和创新的。二是企业管理方式的柔性化，企业管理方式主要是依靠人性的解放来调动每位员工当家做主的主人翁责任感，从内心深处激发员工的内在潜能、主动性和创造精神。

柔性管理呼唤情感的支持，柔性管理的实施需要情感领导。作为一位企业管理者必须注重发掘情感潜能，并运用情感能力影响他人。领导者发掘情感潜能，并运用情感能力影响他人，其实质就是领导者通过领导思想、领导行为，满足和发展被领导者的一定需要，激发其动机，使其以创造性完成相关任务的过程，是调动各能级、各成员间积极性、能动性的重要方面。

不难发现，柔性管理实际上就是情感领导，但是情感在实际应用中很难把握，有时又难以说清楚。因此，要成功应用还应特别注意以下两个方面。

一、自我管理

“管理他人之前，必须先懂得管理自己”。管理者应该具有控制自己情感的能力，以便以一种可信赖和适应性强的方式表现出自己的诚实和客观。拿破仑·希尔——成功学的创始人曾说过：自制是人类最难得的美德，成功的最大敌人是缺乏对自己情绪的控制。愤怒时，不能遏制怒火，使周围的合作者望而却步；消沉时，放纵自己的萎靡，把稍纵即逝的机会白白浪费。所以，职场成功的关键就是控制自己情绪的能力。余世伟在演讲时曾说过，在部下面前一定要保持冷静、理智、镇定。在公司里，管理者处在众目睽睽之下，管理者的一言一行都会对公司员工的情绪有影响。当公司处于危难时，公司所要的首先是团结合作、共同渡过难关。作为管理者，心中必然有所焦虑和担忧，如果管理者无法控制自己的情绪，把焦虑和忧虑完全表露无异，表情、行动都慌慌张张。这样的管理者，能让员工安心吗？员工们一定以为公司出了什么大事，而担心自己的工作能否保住。结果整个公司人心涣散，随时准备作鸟兽散。同样，在公司上升成长阶段，管理者也要保持清醒的头脑，对公司成功的喜悦也要注意抑制，以免造成公司的浮躁、轻敌情绪。

二、亲和力

要尊重和关心下属，以人为本，多点人情味，使下属真正感到领导者给予的温暖，从而去掉包袱，激发工作的积极性。

人非草木，孰能无情。情感需要是人最基本的需要。人的任何认识和行动，都是在一定情感下完成的。特别是在信息经济时代，对知识型员工的管理关系到企业的经营成败。由于知识型员工具有独立性、创新性、骄傲性、流动性、成就性和复杂性等特征，因而领导能否“爱人”，能否为员工提供一个注重人情味和感情投入、给予员工家庭式情感抚慰的企业软环境，成为管理者提高企业员工归属感和责任感、激发员工创造性必不可少的方面。管理者平时应注重与下属进行感情联络，对员工从工作上和生活上给予关怀，不断增强与他们的感情融合度。特别是在他们有困难的时候，应主动关心，对他们普遍关心的实际问题及时予以解决；对于一些不合理的要求或一时解决不了的事情，也应给予必要的解释和说明，以得到下属的理解和支持。要平等待人，不摆官架子，要改变居高临下的工作方式和教训人的思维方法，要变单纯的工作来往为多种形式的来往，建立思想、工作、生活、娱乐等多方面的接触，与下属建立真诚的友谊，形成新型的上下级关系。

管理者不能过分看重权力，对有能力的员工，要果断放权，通过魅力与权力的有机结合，通过情商的运用，最大限度地调动被领导者的积极性和创造性。人的权力是暂时的、有条件的，而情感、情商则是需要管理者花毕生精力去追求的。

第六节 强化执行

应该说，到目前为止，“执行”一词一直没有一个清晰、统一的定义，“执行”

在每个人心目中的理解、认识还存在着相当大的差异。在中国最早大规模地谈到“执行”问题，是在司法领域。而在经济管理学科中的“执行”一词则主要是从国外翻译、引进的概念，其对应的英文为“execute”。它主要有两种含义：第一种含义指的是完成计划。可以说，此时的“执行”是与“计划”、“目标”相对应的。这在某种意义上是一个狭义的解释。而另一种含义是指如何完成任务的学问和策略。这是一个更加宽泛的解释：凡是事情，都可以“执行”，甚至在某种意义上，制订计划、规划战略等都是执行的对象；制订计划、规划战略，如未能按照要求的时间、水准完成，都是执行力不强的表现。

组织的执行力最终表现为团队的力量，要形成团队强大的执行力，首先需要形成一种共同愿景，让员工看到组织发展的前途和方向，保持行为的一致性，为共同的奋斗目标而努力。所以说，团队的力量决定执行力。只有优秀的团队，才有强大的执行力。也只有执行力得到不断提升，才能打造出高绩效团队。

美国通用电气公司创造了太多的奇迹，其中，执行力又是这些奇迹中的奇迹。据有关数据显示，它连续 10 多年完全实现预算计划，这与华尔街投资分析师的分析预测几乎完全一致；它制定一项战略后，在 1 年内必定产生预期的结果。对一个跨越 13 个行业的巨型企业集团来讲，它就像一个小企业般高效、灵活、有战斗力，可以说其执行力是惊人的、可怕的。通用电气公司前 CEO 杰克·韦尔奇经常手写一些“便条”，亲自封好后交给中层经理甚至普通员工；他能叫出数千位通用电气公司管理人员的名字，亲自接见所有申请担任通用电气公司 500 个高级职位的候选人。通过这些简单而有效的方法，杰克·韦尔奇的战略得到有效的贯彻执行，通用电气公司也形成了一个具有强大执行力的优秀团队。

IBM——全球最大的 IT 公司之一，其最成功的一任 CEO 郭士纳曾卖过烟草、饼干，然而由于他成功地领导 IBM 取得了巨大的成就，使他在神秘的高科技行业里一举奠定了“全球最成功的 CEO”的殊荣，他带领着 IBM 公司成功地向“IT 服务业”转型，谱写了一个“大象也能跳舞”的业界传奇。郭士纳认为，一名成功的领导者应具备三个基本特征：有自己的关注点；在执行方面具有卓越的品质；具有个人领导艺术。同时这位神奇的商业领袖还认为这三个基本特征适用于所有规模和类型的组织，无论是大公司，还是小公司；无论是营利机构，还是政府机构。20 世纪 90 年代以来，IBM 尽显大家风范，进退有据、不断超越，成为 IT 产业中最具核心竞争力的企业，其中，其卓越的执行力更是功不可没。一个被认为最具战略眼光的卓越公司，却如此推崇执行力，这的确给了我们很多的启发。强化执行力的主要方法有以下几点：

一、提升员工士气

执行涉及很多问题，但人的问题是第一位的。要提升执行力，首先要提升员工士气。很难想象一个员工士气低落的组织能取得成功。美国哈佛大学组织行为学教授詹姆斯曾对此有一句精彩的总结：士气等于3倍的生产率。此话已经成为工商管理界的名言。的确，组织也像人一样，“气实则斗，气夺则走”。我们在掌握了激励员工的一般原则之后，就要在一般原则的基础之上掌握激励员工的高级原则，这样组织才能发展得更好。第一，激励要从结果均等转移到机会均等，努力为员工创造公平竞争的环境。能不能得到公平竞争的机会，这无论是对员工还是对企业的发展都是至关重要的。第二，激励要掌握时机，也就是该激励的时候激励。比如，需要在任务下达前激励的，要提前激励；若是员工遇到困难，有强烈要求帮助的愿望时，要给予关怀，及时激励。这些都是激励的最佳时机。某民营企业的员工非常拥护他们的老板，原因是老板倡导“8小时以外的关怀”，也就是下班后员工都受到了老板的关怀，上班时间就更能受到老板的关怀了。老板时时刻刻在激励他们，他们心怀感激，于是便更加努力地工作。大家都看过《水浒传》，宋江这个人为什么做了梁山的领袖呢？其实，宋江文韬武略都不算强，只是有个最大的优点——懂得关心和帮助别人，所以得了一个外号“及时雨”，就凭此一点便能服众，所以得人心者得天下。第三，激励要有足够力度，主要表现在“两个重视”上。这两个重视是：对突出贡献要重视，对重大损失也要重视。也就是说，对突出的贡献要予以重奖，对造成巨大损失的要予以重罚，重奖可谓正激励，而重罚就是负激励，一定要赏罚分明。第四，激励要民主。在激励员工时，要克服有亲有疏的人情风，在提薪、晋级、评奖、评优等涉及员工切身利益的热点问题上务求民主。某民营企业请咨询顾问去给他们做咨询，因为该企业的老板搞不清楚一个问题：他们的产品非常畅销，为什么企业就是做不大？咨询顾问在给该企业进行完诊断后，发现问题并不复杂，原来该企业内部任人唯亲，关系套关系，人情风十分严重。新招聘来的人很快就走了，受不了这种氛围，尽管工资不低，但却根本留不住人。事实上，在该企业，奖惩根本做不到人人平等，更谈不上民主了。第五，不能因为倡导物质激励而忽视精神激励。精神激励一定要成为物质激励的合理补充，因为精神激励有四两拨千斤的作用。

二、重视执行中的创造性

创新是一个民族的灵魂，是一个国家兴旺发达的源泉。创新也是实现组织发展的不竭动力。一个组织乃至一个国家，总是在竞争的环境中生存和发展的。有没有创新意识和创新能力，能不能创造性地开展工作，是对每一个员工特别是各级管理者最重要的要求之一。要提升执行力，就要具有强烈的创新意识。执行力决不应该是简单的“保质保量完成”，而应是“创造性地完成”。执行中的创造性就是在执行任务的过程中进行方式创新、技术创新、管理创新、措施创新，以完美的执行力，安全、高速、优质地完成任务。在执行中，领导者更多的是出思路，确定目标，规定时间期限．提出期望的结果，这就要求执行者有能力掌控整个操作过程，而且其结果应尽量超越领导者的预期。因为领导者不可能把执行的细节全部讲清楚，所以只有充分发挥员工的创造力，才能提升组织的执行力。

三、高效执行，拒绝借口

国内许多领导者遇到的最大麻烦，就是公司的各层员工在执行的过程中往往问一大堆废话，讲一大堆借口，却很少有几个人能马上去做。可以说，没有任何借口是执行力的表现。思想影响态度，态度影响行动，一个不找任何借口的员工，肯定是一个执行力很强的员工。因为工作就是不找任何借口地去执行。在美国西点军校，很多训练思想和方法可以说对于其他组织都是特别有效的。比如在西点军校，军官向学员下达指令时，学员必须重复一遍军官的指令，然后军官问道："有什么问题吗？"学员通常的回答是："没有，长官。"学员的回答就是做出承诺，表明自己接受军官赋予的责任和使命。就连站军姿、行军礼等千篇一律的训练，都无一不是在培养学员的意志力、责任心和自制力。在这样的训练中，西点军校的文化慢慢地渗透到学员的思想深处，无时无刻不在激励着学员，让学员总是充满着饱满的热情和旺盛的斗志。一支部队、一个团队、一个员工，要完成上级交付的任务就必须具有强而有力的执行力。接受了任务就意味着做出了承诺，而兑现不了自己的承诺是不应该找任何借口的。这是一种很重要的思想，体现了一个人对自己的职责和使命的态度。不可否认，每个人都喜欢借口，因为借口使得大家看起来更加完美。可是借口的背后是什么呢？是对个人应尽责任的逃避。因此，"拒绝借口"应该成为所有员工追求完美的最有力保障，它强调的是每一位员工都应该对职业准则奉行不渝，没有任何理由地去坚决执行任务，而不是为没有做好工作去寻找任何借口，哪怕是看似合理的借口。

第七节　勇 于 创 新

1992—1993年，在互联网尚未供商业使用前，迈克尔·戴尔就知道他当时的最大客户，要能以简便的方式大量订购个人电脑，而且这些电脑要有自己的配置和选择。戴尔义无反顾地逼迫营销和技术团队，设法让这位大客户从自己的台式电脑里下个人电脑订单，不必每次都得和业务代表接洽。如今回想，互联网之前的"自动化订购"原型，真是糟透了。这些原型要求戴尔把装载订购/配置软件的台式电脑寄给每位重要顾客，后来为了跟踪定价以及机型和配置的更新，每周必须用可移动的zip驱动器把新的数据库寄给顾客。当戴尔把新系统的原型交给最大企业客户时，他们的反应却很冷淡。按理说这项行动应该无疾而终才对，事实上想扼杀这项计划的重要管理者还不止一位，但是迈克尔继续催促团队满足顾客需要，而当互联网开始在商业上得到广泛应用时，戴尔已经万事俱备。有了自动化订购的前期铺垫，加上能在三天内制造出任何产品的供应链，消除了物流成本和代理商的利润，这种程序/商业模式创新节省了30%的成本，因而超越了康柏（Compaq）成为业界第一。

创新如此重要，那么什么是创新的核心呢？我们认为，关于创新的最核心的东西，归纳起来，就是三个方面：

一、知识创新

知识创新是指通过科学研究，包括基础和应用研究，获得新的基础和技术和学知识的过程。其目的是追求新发现，探索新规律，创立新学说，创造新方法，积累新知识。知识创新为人类认识世界、改造世界提供新理论、新方法，不断地为人类文明进步和社会发展提供动力。它是技术创新的基础，是新技术和新发明的源泉，是促进科技进步和经济增长的革命性力量。中国古代的四大发明，首先是历史上四次重大的知识创新，火药、造纸、指南针、印刷术是当时的新知识运用于实践的产物。这四项重大科学技术是推动中国农业经济发展并在相当长时期领先于世界的根本动力。牛顿力学定律是17世纪最伟大的知识创新之一，后来被瓦特应用于实践，发明了蒸汽机，引发一次大规模的技术创新，促进了人类社会由农业经济向工业经济的转变。还有核物理、高能物理等方面的创新，都引发了一次次新技术革命，促进了人类社会的发展。从这里，可以看到知识创新的巨大动力。美国之所以率先跨入知识经济时代，与其取得的知识创新成就有直接的关系。美国拥有强大的基础研究阵容，一个多世纪以来，有许多重大研究成果震惊世界。自设立诺贝尔奖以来，共评出科学奖446项，美国占了183项，占获奖总数的41%，在强大的知识动力推动下，美国经济取得举世瞩目的成就也就不足为怪了。

二、技术创新

技术创新是伴随任何经济和社会的所有发展阶段的，每一次重大技术创新都会引发一次新的产业革命。从这一点来看，知识经济时代的技术创新同农业经济和工业经济时代的技术创新有相同之处。但知识经济时代的技术创新又有它与以前的时代不同的特定含义。以前的技术是以总结经验为主的技术，今天的技术主要是指基于科学上的重大发现而形成的高新技术及其产业化，它是知识密集的产业技术。按联合国组织的分类，具有这些特点的技术主要有信息科学技术、空间科学技术、生命科学技术、新能源与可再生能源科学技术、新材料科学技术、海洋科学技术、有益于环境的高新技术和管理科学技术。关于这些技术，近年来都有惊人的研究成果问世，克隆技术、探索火星、毫微型线路、超精细测量系统的轰动试验及成功培植动物移植器官等，都是这些技术的杰出代表。这些新技术将形成新的生产力，并改变人类的生活和工作方式，再次引起新的经济飞跃。进一步说，高新技术也是竞争的制高点。21世纪的竞争，无论是国家间还是企业间，谁拥有高新技术，谁就能抢占竞争的制高点。就汽车工业而言，世界上大的汽车公司都在研制电动车，并取得关键性突破；新能源的研制也取得重大进展，将代替石油能源；新材料也在不断应用到汽车制造上来，如工程塑料、可记忆金属材料、调温玻璃等。我们参与竞争，既要把握今天，更要着眼未来，而未来的竞争将更多更直接地体现在高新技术方面，因此我们要在竞争中取胜，就必须拥有高新技术，占领高新技术的制高点，就占有了竞争的主动权。我们今天的现实与时代要求还有较大差距，需要奋起直追。

三、制度创新

制度创新有两个基本要素：一是制度，二是创新。之所以强调“制度”，是因为知识创新，特别是技术创新具有系统性和综合性，它需要制度作为依托，并成为将技术转化为生产力的桥梁。技术创新不是某一个环节，不是某一个点，也不是某一个局部，而是一个系统工程，包括科技、经济、文化等多方面的内容。现代知识经济中的创新是根据市场的需要进行发明设计，再通过实验制造，扩大再生产，最后进入市场的一个整体过程。这之中存在一系列制度安排。而之所以强调“创新”，是因为新生产力的发展需要新的生产关系，不适应新生产力发展的旧的生产关系应当进行调整，并探索适应和促进新生产力发展的制度和机制。创新制度是有不同层次的，有国家层面上的、有产业层面上的、有地方层面上的，还包括企业层面上的。中国科学院在一份题为《迎接知识经济时代，建设国家创新体系》的报告中，把国家创新体系明确分为知识创新、技术创新、知识传播和知识应用四大系统，并明确四大系统的机构设置和主要功能。如知识创新系统以国家科研机构和教学机构科研型大学为主，其主要功能是知识的生产、传播和转移；技术创新系统以企业为主，主要功能是学习、革新、创造和传播技术；知识传播系统以高等教育和职业培训系统为主，主要功能是传播知识，培养人才，知识应用系统以社会、企业为主，主要功能是知识和技术的实际应用。另外，还要建立有利于人才脱颖而出和发明创造的制度等相关机制，从而形成一个完善的创新体系。

本章案例

宝洁公司的用人之道

《财富》杂志对宝洁公司的人本管理给予了高度评价，其能连续八年成为全美最受赞赏的企业之一，经验也在于用人。

一、宝洁公司的最大财富是员工

宝洁公司的宣言、年报、演说中无不赞扬员工的创新、努力、贡献以及勇气。其中一句常被引述的格言是前宝洁总裁说的："假如你夺走了宝洁的人才，却留下了金钱、厂房和产品，宝洁将会失败；假如你夺走了宝洁的金钱，厂房和产品，留下了人才，宝洁将会在10年后重建王国。"每一位进入宝洁公司工作的员工，都会收到一份声明，里面详列了公司的宗旨：核心价值及原则。其中最显著的标题是"宝洁公司是依赖她的员工及其核心价值而存活的"，下面则是以宝洁员工为圆心，四周环绕领导能力、诚实、信任、积极求胜的热情以及主人翁精神等五项特征，作力宝洁公司的核心价值观。充分把员工作为公司最有价值的资产。宝洁公司在提高员工的福利方面有悠久的历史。早在19世纪80年代，宝洁首创了一周五天工作日和利润分享制，震惊了美国产业界，为激励员工提高效率来抵消福利成本，1998年5月宝洁首创了全体员工享有员工认股选择权。这样员工与公司的利益紧密相关，员工效率会自发提高，并对公司实现长期目标提供保证。

二、100%的内部提升

发展长期员工队伍是宝洁公司成功的关键因素。公司坚持100%的内部提升政策，因为内部提升可以培养长久性的员工。既然未来的管理层来自内部提升，公司必须聘用最好的人才，并协助他们达到最佳的状态。为招聘到一流素质的人才，宝洁公司与国内外名牌大学保持着良好的关系，高级主管亲赴大学演讲。同时宝洁发展了一套自己的衡量应聘者领导能力及解决问题能力的测试方法，面试过程具有目的性，并采取行为导向。应聘者过去的经历及成就将被检验，并找出下述能力的证明：领导、解决问题、优先顺序设定、主动性、事后退踪和团队合作的能力等。而相关的改善方案也会持续地评估以后的招聘过程。公司经理人员认识到自己的绩效与发展下属能力息息相关，所以协助下属成功是他们的职责。这是通过"工作和策划发展系统"（W&DP）来进行的，用于员工的提升、定薪和员工发展，每个员工的W&DP又有四部分：(1) 前一年计划与结果相比。(2) 需要进一步成长和发展的领域。(3) 近期和长期的职业性。(4) 下一年培训和发展计划。每一年评定一次并不断修订。这促使公司有效率地招聘人才，对未来的管理人才实施密集训练，建立一个评估——辅导——培训的流程，以及诱人的发展机会。如此才能确保公司留下人才。

三、每个员工都是领导者

宝洁公司在鼓励员工积极扮演领导者角色方面提供了很好的范例。宝洁公司前总裁认为："别让员工感到被过度管理，应该将责任与决策下放到组织基层。"管理层提出需求，如缩短新产品上市时间，提高服务品质，积极开展多元化，并全权交给一线员工负责，由每个团队分工合作。鼓励员工勇于担任领导者角色，并不是所有主管可以对事业漠不关心。实际上，宝洁公司的主管花费许多时间深入事业的核心。比如，公司的高级主管需要经常拜访研发部门、生产部门，并与消费者交谈。

四、随时备有充足的人才库

宝洁公司不断维持高级人才资源库，以随时填补空缺，保持弹性，没有必要进行正式又耗时的职务交接。由公司30位左右最资深主管组成的执行委员会，每周定期开会审查人事和营运的相关事项，确保公司高级人才资源库随时补充。当宝洁公司在内部寻找最能干的人才填补空缺时，公司会议会把人才安排到适当的环境中磨炼，而且是往往他们不见得喜欢的工作环境。

五、完善的培训机制

宝洁公司认为，在职培训是最好的训练：宝洁公司将每天的经营活动视为学习和培训的源泉。每个部门都有自己的培训教程。比如，品牌部门针对不同管理层次设计不同的课程和研讨会，如针对品牌副经理的“基本广告原理”，针对品牌经理的“掌握制胜先机”以及针对营销总监的“客户抱怨处理”。此外，宝洁公司的员工可以在全球找到课程和研讨会的目录，他们只要向上级咨询并确认课程对个人发展是必要的，即可登记上课。宝洁公司于1992年成立了宝洁学院，其宗旨在于将公司高层积累的经验和理念传授给其他年轻的员工，学院的教授来自公司的高级管理层，每年大约有4000名新员工在宝洁学院接受培训。

——转摘自《中外管理》

思考题

1. 宝洁公司管理的最大特色是什么？
2. 在宝洁公司对员工激励的措施中，除了高工资、高福利的激励外还有什么？

管理者不能依赖进口，即便是引进也只是权宜之计，而且也不能大批量地引进。中国的管理者应该是中国自己培养的，他们深深扎根于中国文化，熟悉、了解自己的国家和人民。只有中国人才能建设中国，因此快速培养并使卓有成效的管理者迅速成长起来是中国面临的最大需求，也是中国的最大的机遇。

——彼得·德鲁克

卓越管理无止境，只有不断学习，不断利于世界的发展，管理者才能不断超越自己，为公司或组织开创美好的未来。

——汤姆·彼得斯

☞ 本章导读

我的长处是什么？

我们生活在一个前所未有的充满机遇的时代：如果你有雄心和才智，不管你选择什么职业，都可以在这个职业中爬到最顶层。今天的公司不会管理员工的职业生涯，实际上，知识工作者必须做自己的首席执行官。开拓领地、了解什么时候发生了变革、让自己在50年左右的工作生活中保持投入和高效，这些都是你自己的事情。要做好这些事情，你要深刻地了解自己，不仅要了解自己的优点和缺点，还要了解怎样学习、怎样和别人共事、你的价值观是什么以及你在什么地方能作出最大的贡献。只从优点出发做事情，就可以实现真正的卓越。

——彼得·德鲁克：《自我管理》

第六章 管理者技能与艺术模拟训练

彼得·德鲁克认为在一个现代的组织里，如果一位知识工作者能够凭借其职位和知识，对该组织负有贡献的责任，能实质性地影响该组织的经营能力及达成的目标，就可以称为管理者。

一个杰出的管理者之所以能够成就伟大的事业，主要是因为他们掌握了管理的技能，并将管理技能在恰当的时间、恰当的地点，以恰当的方式，对恰当的人发挥出来，领会了管理艺术的核心内涵。杰出的管理者并不是天生的，他们拥有的管理技能和艺术是在实践中积累起来的。无论他们身处哪个企业，无论他们的职位是高是低，只要他们想成为一名杰出的管理者，他们就必须去做正确的事，必须在实践中掌握管理技能和艺术，做一个有利于组织、有利于社会的管理者。

可在当代企业中，越来越多的管理者抱怨在管人理事中的种种不顺利，甚至有很多管理者因工作的压抑得了抑郁症，而这种现象在职位高的管理者中较普遍，站在理性的角度上，我认为真正原因是他们对管理存在错误的认识或根本不会管理，也许他们具备了管理技能，但一定没有领会管理艺术的真谛。

为了让大家成为杰出的管理者，本章为大家准备了管理者技能和艺术的模拟训练，让大家在模拟中掌握管理者应具备的管理技能和管理艺术，教会大家轻轻松松管人，顺顺当当理事。

卓越有效不是梦，从现在开始，相信自己——卓越有效梦！

根据本书第二章的内容，我们已经了解到管理者的三大技能包括技术技能、人际关系技能和概念技能，并且不同层次的管理者侧重的管理技能也有所不同（如表 6-1 所示）。管理归根结底可以概括为管人、理事两个方面，本章将分别从自我管理、管人、理事这三个方面着手，教大家如何成为一个卓越杰出的管理者。

表 6-1　　**不同层次的管理者侧重的管理技能**

	技术技能	人际技能	概念技能
基层管理者	✓✓✓	✓✓	✓
中层管理者	✓✓	✓✓	✓✓
高层管理者	✓	✓✓✓	✓✓✓

注：3 个"✓"表示非常重要，2 个"✓"表示较重要，1 个"✓"表示重要。

第一节　自 我 管 理

一、角色认知与定位

知识小窗口

想要成为一个杰出的管理者，能在企业中发挥自己应有的作用，首当其冲要对自己的角色有一个正确的认知，并且充分扮演好自己在企业中的角色，发挥自己在企业中应有的作用。

高层管理者：决策者。

中层管理者：监督者、培训者、控制者等。

基层管理者：执行者。

（一）设身处地

若你是企业的一名中层管理者，你是否会出现以下角色错误认知的现象（见表 6-2）

表 6-2

现　　象	是	否
总是怕得罪下属，不敢行使上级下达的命令		
不习惯培训下属，基本不授权给下属，总是喜欢一个人亲力亲为		
自己干自己的，基本不与同级管理者交流、合作		

（二）模拟训练

【设计背景】

在现代企业中，越来越多的管理者不能清楚地认知自己在企业中扮演的角色，不能正确地行使自己的权力，要么就是把自己看作高人一等，要么就把自己看得很低，总是不能把自己摆在正确的位置上。正是由于角色扮演的偏差，很多管理者的职业生涯和工作绩效都受到不良影响。

【训练目的】

通过情境模拟，让大家认清管理者的角色，领悟“管理”的内涵，提升管理者自我管理的意识和效能。

【情景】

某个周一的上午，公司经理开完例会回办公室的途中，与他的下属小王在公司走廊里相遇。

小王向经理打招呼说：“经理，我这边一直有个问题想向你咨询一下怎么做？可是怕你忙，一直不敢打扰你，现在可以占用你一点时间吗？”

虽然经理没有太多时间，但是为了不让小王失望，经理非常乐意地答应小王。小王在陈述问题的时候，经理不时地点头，五分钟之后，下属的问题结束了。经理笑着对他说：“小王，这是一个非常不错的问题，你自己认为这个问题该怎么解决？我想听听你的意见。”

“经理，我想了好久，一直没有想出好的办法，想让你给我一些建议。”

经理看了看手表说：“小王，这件事我一时半会儿也拿不出更好的主意。我现在正好有急事，这样吧，明天下午三点你到我办公室来找我，到时你先拿几个解决方案来我们一起讨论讨论。”

小王一脸迷茫地说：“好吧。”经理笑着对他说：“实在想不出来，你就用比较有效的头脑风暴，找你的几个同事一起想解决的办法，我想你们几个先讨论一下，明天我再给你一些指导。”

第二天下午三点，小王来到经理的办公室，这时经理正在准备一份要上交的材料，不过经理停下手中的事情，让小王坐下。从小王脸上的表情看得出，他已经有了几个与同事商量出来的解决方案。

“经理，按照你的指示，我和其他几个同事一起讨论出了三个解决方案，你看看哪一个比较好一些？”

接下来，经理是如何回答小王的？如果你是这位经理，你将如何给小王一些意见，怎样扮演好经理这一角色？

【训练】

1. 请两人一组：一个扮演经理，另一个扮演小王，完成经理和小王的对话。

【参考】

作为一个杰出的管理者，虽然早就知道哪种方案最佳，但是一般不直接告诉下属，目的是可以借此赢得一次训练下属的机会。训练是一个虽慢反快的过程，训练的“慢”是为了将来更快。所以杰出的经理会这样回答小王：

经理非常高兴地说：“小王，干得不错，你们讨论了之后，你自己认为哪个方案是最好的呢？”

“我觉得 A 方案会好一些。”

“这的确是一个不错的方案，不过你有没有考虑到万一出现这种情况，该怎么办？”

“噢，有道理，这样的话，那 B 方案会好一些。”

“这方案真的也很好，可是，你有没有想过……”

“我明白，应该选择 C 方案。”

“非常好，我的想法跟你一样，我看就按你的意见去办吧。”

2. 请思考经理的哪种处理方式好？（1）直接告诉小王好的方案。（2）循循善诱，以提示的方式，让小王自己知道方案的优缺点，然后由小王自己做出最后选择。

【参考】

第二种处理方式好，经理这样做有以下好处：

（1）打消下属负面的“依赖”神经链。

（2）训练了下属分析问题、全面思考问题的能力。

（3）让下属产生信心与成就感。

（4）激发下属的行动力。因为人们往往愿为自己的决定而全力以赴，并愿意为它承担责任。

【启示】

（1）若管理者习惯于代替下属做决定或喜欢享受别人听命于自己的成就感，则其所带领的团队将难以胜任复杂的任务。

（2）引导下属自己做决定是在训练下属独立思考问题的能力，培养勇于承担责任的行事风格。

(3) 该下属做决定的事，一定要让他们自己学着做决定。

(4) 管理者要清楚认知自己的角色和作用，行使管理者指导和培训的职能。

【小结】

企业中层管理者的角色定位与认知

对高层：服从者、执行者、受训者、协助者、绩效伙伴。

对下属：企业代言人、计划者、指挥者、监督者、授权者、培训者、激励者。

对同级：内部服务者、支持配合者。

二、时间管理

知识小窗口

"除了健康和良好的新陈代谢，时间是我所有的东西中最珍贵的东西。"

——埃迪·卡尔森

"时间是世界上真正的财产，是现实存在中最有限的东西，它不会有丝毫的增加。"

——弗兰克·农利斯特

"时间是我们所经营的最有价值的东西，它不能够买到，也无法弥补，必须以尽可能高的效能利用它。"

——比尔·梅

(一) 设身处地

作为企业管理者的你，是否会遇到黑色星期一，要忙着开会、忙着见客户谈合作、忙着处理上周遗留的问题、忙着处理一些当天的各种琐事、忙着参加 PARTY、应酬等（见表 6-3）？

表 6-3

事　项	是	否
阅读报纸、专业杂志、企业文件		
参加管理者例会		
召开基层管理者会议，传达上级指示		
上周遗留的事情还没有处理完		

续表

事　　项	是	否
和事先约好的客户谈合作		
办公室电话不断		

(二) 模拟训练

【设计背景】

在现代激烈的竞争环境下，企业管理者尤为重视时间资源，谁拥有足够的时间，谁就有了竞争的资本，可是管理者不仅要按时完成大量繁重的工作任务，而且还要参加PARTY、应酬等，不懂得时间管理的管理者常常陷入手忙脚乱之中，所以对管理者进行时间管理的训练和培训成为一件必然的事情。

【训练目的】

通过模拟训练，让大家掌握简单有效的时间管理方法，一来可以提高工作效率，二来可以缓解工作压力。

【训练】

假设你是一位销售经理。

步骤1：将你平常的项目活动分为公务活动、个人活动、家庭活动、休闲活动，根据你平常的时间分配情况，列出一份时间消费清单（见表6-4）。

表6-4　**时间消费清单**

项目活动及编号		每周预花时间（h）	每周实花时间（h）	两项时差额（h）	占每周总时（%）
公务活动	1. 上下班				
	2. 开会				
	3. 打电话				
	4. 阅读文件、整理通信				
	5. 帮助下属				
	6. 接待宾客				

续表

项目活动及编号		每周预花时间（h）	每周实花时间（h）	两项时差额（h）	占每周总时（%）
	7. 向上级汇报				
	8. 公务出差				
	9. 拜访客户				
	10. 其他工作上的活动				
个人活动	11. 整理仪容				
	12. 饮食				
	13. 睡觉				
	小计				
家庭活动	14. 煮饭				
	15. 洗熨衣服				
	16. 打扫房屋				
	17. 杂务与家事				
	18. 卖杂物				
	19. 缴款				
	20. 看孩子				
	21. 宗教活动				
	22. 家庭外出				
	23. 其他的逛街活动				
	24. 家庭沟通				
	25. 其他家庭活动				
休闲活动	26. 听广播与音乐				
	27. 看电视				
	28. 休闲阅读				
	29. 嗜好				
	30. 观看比赛				
	31. 运动				
	32. 休闲旅游				
	33. 聚会与社交				
	34. 其他休闲活动				

步骤 2：将你自己每天的活动按活动编号在相应的时间表中记录下来，制作一周活动时间日志表（见表 6-5）。例如：若你 19:30 在看电视，你就将“27”记录在 19:30 那一时间栏中。

表 6-5　　　　　　　　　　　**一周活动时间日志表**

	每天所做活动的编号						
	周一	周二	周三	周四	周五	周六	周日
7:00							
7:30							
8:00							
8:30							
9:00							
9:30							
10:00							
10:30							
11:00							
11:30							
12:00							
12:30							
13:00							
13:30							
14:00							
14:30							
15:00							
15:30							
16:00							
16:30							
17:00							
17:30							
18:00							
18:30							
19:00							

续表

	每天所做活动的编号						
	周一	周二	周三	周四	周五	周六	周日
19:30							
20:00							
20:30							
21:00							
21:30							
22:00							
22:30							
23:00							
23:30							
24:00							

步骤3：一周结束后，表6-5上所有的空格都应该有相应的活动编号。你可以通过活动编号出现的次数来计算一周你在此项活动上所花费的实际时间。

步骤4：把步骤3所计算出的实际时间填到表6-4的“每周实花时间（h）”上，进而算出每项活动花费时间所占每周总时间的百分比（计算公式：百分比（%）=（每周实花时间÷168）×100）。然后将每周预估时间和每周实花时间相减，算出两项时差，若为正值，则说明预估时间多于实际花费时间，反之亦然。

步骤5：根据表6-4中的数据，将公务活动、个人活动、家庭活动、休闲活动和其他活动所花费的时间总结起来，制成时间花费总结表（见表6-6）。这样就可以了解自己时间的去向了。

也许这些活动和你自己平日的活动有所不同，但是我们这个训练的目的是让大家清楚地了解自己时间的分配情况，然后进行分析思考：

（1）我如何浪费我的时间？未来有何途径可预防或减少时间的浪费？

（2）我如何浪费别人的时间？我浪费了谁的时间？我应如何预防不使其发生？

（3）哪些活动我现在可以减少、不予考虑或交给别人做？

（4）别人如何浪费我的时间？未来有没有方法减少或排除其发生？如果有的话，是什么方法？

（5）我做的哪些事既重要又紧急？

（6）我做的哪些事对我的目标很重要？

表 6-6 **时间花费总结表**

项目活动	每周预花（小时）	每周实花（小时）	两项时差（小时）	占每周的总时（%）
公务活动				
个人活动				
家庭活动				
休闲活动				
其他活动				
总计				

（7）我是否花费时间追求那些对我很重要的事？如果没有，原因何在？如果有，是哪些事？

通过对以上问题进行分析，你就可以找出不必要的时间消耗，并有效地计划自己的时间，进而养成好的时间管理习惯，有益于你成为一个卓越的管理者。

【启示】

正如德鲁克所认为的，要想有效管理时间，首先要记录时间。有效地了解自己的时间都去哪了，管理者可以重新思考和确定时间安排，取消浪费时间的活动，把不必自己亲自做的事情委托出去，将零星的时间合并在一起，管理者可以充分利用整块的时间完成有益于组织的事情。

【小结】

美国著名的经济管理学教授彼得·F. 杜拉克认为："管理者工作的有效性不是从他们的工作开始，而是从掌握时间开始。"而时间管理并没有什么高超的技巧，关键就在于持之以恒。

时间管理口诀：

订计划、写清单、完任务；

少推延、分秒争、好习惯；

有轻重、善分配、求效率。

第二节　管　　人

一、激励下属

知识小窗口

相传挪威人从深海捕捞的沙丁鱼在抵港时如果活着，卖价就会很高，但是沙丁鱼有个习性，喜欢密集群息，被捕捞上来之后，常常因为挨得太紧，窒息休克而死。所以渔民们千方百计地想让鱼活着返港，但种种努力都归于失败。后来有位老渔翁发现了一个成功的秘密——鲶鱼是沙丁鱼的天敌，在沙丁鱼槽里放一条大鲶鱼，就可以人为地创造一种紧张空气，沙丁鱼一见鲶鱼就惊恐万状、四处逃窜，于是生命力大为增强，成活率大大提高。这样一来，活蹦乱跳的沙丁鱼就被运回了渔港。后来人们称这种现象为“鲶鱼效应”。

（一）设身处地

假设你是企业的管理者，发现企业中员工的工作效率不是很高，通过调查得知，企业目前员工的工作态度有三种：第一种是对工作具有极大的热情，这些员工是不可缺少的人才，约占企业员工的20%；第二种是对工作持无所谓的态度，情绪不高不低，约占企业员工的60%；第三种是对工作有抱怨，具有消极情绪，约占企业员工的20%。很显然员工的工作态度直接影响了企业的发展。

作为管理者，你认为是什么原因导致员工工作积极性不高？

作为管理者，你更倾向于物质激励还是精神激励？你将会采取什么样的激励方式来改变这种现状？

（1）提高员工的工资或奖金；

（2）用自己的行为影响下属；

（3）表扬工作积极的员工，批评工作消极的员工；

（4）引进外来工作热情高涨的员工；

（5）与员工沟通，了解员工消极的原因，制定满足员工需求的激励机制。

（二）模拟训练

【设计背景】

美国哈佛大学心理学家的一项研究表明，下属在没有激励的情况下，他的个人能力只发挥了20%，而在开发和激励后，他的潜能可以发挥到80%，这就意味着下属受到激励后所作出的贡献是未受到激励时的4倍。但是在现代企业中，大多数管理者擅长自己去做事，却不能很好地让下属心甘情愿地为企业做事，在很大程度上都是因为管理者不懂得激励下属的艺术。

【训练目的】

通过模拟训练，让大家学会如何激励下属，如何将激励效果达到最大化，如何制定量身定做的激励机制，如何在公平的原则下，满足下属不同的需求，如何成为一个激励高手。

【情景】

1. 夜宵的独特激励

假如你是某日报的版面设计经理。自从报社开创以来，报纸的版面设计、版面风格一直都一样，但是随着现在人们的价值取向、审美观念发生变化，越来越多的人不再选择你们的报纸，为了再次吸引消费者的眼球，赢得消费者的青睐，老板让你在三天之内设计出三种不同的报纸版面风格，对于你来说工作量很大，你需要参考较受欢迎的报纸的风格和版面设计，从中找出灵感；要预约行业泰斗，咨询他们的意见；要在网上收集图面、资料；要做简单的调查，了解消费者的需求；要进行市场和行业分析；整合资源，进行设计等。但是你的团队只有你、小张和小王3个人。

你接到任务后，就赶快和小张、小王开会，然后分配了任务，刚接到任务，小张和小王都非常兴奋，第一天忙下来，大家很辛苦，由于当天的任务还没有完成，所以你的团队不得不加班，看到他们非常辛苦，你给他们买了夜宵。

第二天，你们依然非常辛苦的工作，由于工作多，你们不得不再次加班，你依然给他们买了和昨天一样的夜宵。

第三天，不管怎样，你们都要拿出三份设计方案，所以今天应该是最有压力的一天，基于前两天的调查、咨询、收集的资料，今天要资源整合、拍案定稿，可是由于小张、小王看上去很劳累，情绪不高，为了工作，今天依然加班，但是你知道今天会比前两天还晚，所以你今天给他们买了独特的夜宵，小张和小王看到他们的夜宵和前两次不同，并且都是他们喜欢吃的，所以他们的兴致一下子就来了，连声说谢谢，夜宵后，他们工作的积极性很高，并且可以看出，他们工作得非常开心，今天你们工作到凌晨两点多，小张和小王丝毫没有抱怨，你们高质量地完成了这项任务。

【训练】

前两天的夜宵和第三天的夜宵激励效果为什么不同呢？从上述情景中，你学会了哪些激励技能和艺术？

【参考】

相比较来说，前两天的夜宵算不上激励，即使是，也只是简单的物质激励，大众化的激励，但是第三天的夜宵体现出你的用心，是因人而异的激励。一方面，让下属感到一种归属感——我是团队的一员，老板知道我的喜好，给我独特的奖励，因此下属更努力地工作，另一方面，第三天的夜宵是一种个别激励，让下属认为这份激励只属于他一个人，让他感受到一种自豪感和成就感。

每个下属都希望被肯定、被激励，但是不同的下属在不同的时期所希望的激励方式不同，所以管理者在激励下属的时候不要千篇一律，不能墨守成规，要学会有差别地激励，要因人、因时、因事激励，这样激励的效果才会最大化。

【启示】

低效率靠管理，高效率靠激励。成功的管理者在经营实践中认识到，只有激发下属的工作热情和内在潜力，使之奉献出自己的智慧、才能、勤劳，去努力、去创造，企业才能生存、发展。激励极富有科学性和艺术性，为了使企业能够在竞争中立于不败之地，管理者必须掌握激励下属的技巧和艺术，将心比心，尊重下属的个性化需求，建立个性化的激励机制，因地制宜地激励下属。

2. 奖金的分配

某生产企业分公司共有 500 名职员，其中管理者有 45 人，占公司职员的 9%。

去年该分公司在高管的带领下，职员团结奋进，努力工作，为公司创造了非常高的利润，远远超过其他公司所带来的收益。所以到年终的时候，总公司领导分配给分公司 20 万元的奖金，表彰所有为公司作出贡献的职员，希望职员们能再接再厉。

为了能够合理地分配奖金，所以高管决定和财务部、人事部经理一起商定分配方案，两位经理都表明了观点。

财务部经理："在生产工作中，管理者除了监督和指导工作以外，还承担着生产的责任，既贡献了脑力也贡献了体力，所以管理者应该拿多的奖金，我们可以按高管、中层、基层、员工这四个层次进行分配，这样既可以肯定管理者的工作，又可以激发员工的积极性。"

人事部经理："我不赞同财务经理的想法，我们公司创造的业绩是公司所有职员共同努力的结果，但是每个人的贡献大小是不同的，所以在分配奖金时要体现出来，这样可以激励职员更努力地工作。在生产工作中，员工的贡献最大，应该拿更高的奖金，员工是生产的主力，若没有努力的员工，就没有好的管理者，也没有高的效益。”

财务部经理认为要把管理者和员工拉开档次，人事部经理认为按照贡献的大小分配可以避免大家的消极情绪。听了这两种意见，高管将会如何选择？

【训练】

请模拟这个分公司，你扮演高管，你的同伴扮演人事部经理、财务部经理和其他管理者以及员工。

（1）若你采用了第一种分配方式，会带来怎样的效果？

【参考】

若采用了拉开档次的分配方式，会造成管理者拿到高的奖金，员工拿到较少的奖金。按常理来讲，员工的物质（金钱）需求要高于管理者，而管理者更需要的是一些精神上的激励，所以这样的分配方式会起到反效果，员工会抱怨：“我们拼命地努力工作，换回来的却是一点奖金，凭什么管理者坐在办公室，偶尔出来视察一下，就能拿到比我高很多的奖金。”管理人员可能也会有抱怨：“我们需要的不是钱，我们需要的是认可，就不能给我们一些特权吗？”因此，管理者和员工都不太努力工作，特别是员工。没有满意的员工，就没有成功的管理，也就没有发展的企业。

（2）若你采用了第二种分配方式，会带来怎样的效果？

【参考】

作为企业高管，你一定要认真地思考这两种奖金分配方式带来的影响，在激励时一定要体现出公平性，否则就会适得其反。采用按贡献大小分配的方式，就消除了上述员工的不满情绪，对于管理层，高管可以用精神激励的方式给予弥补。这样可以达到三赢的效果（企业赢、管理层赢和员工赢）。

【启示】

对于企业来说，物质激励是一把双刃剑，用得好会激发员工的工作潜能；用不好反而会降低员工的积极性，造成人才流失，阻碍企业的发展，达不到激励的初衷。企业的管理者必须建立一套公平公正、全新的物质激励体系，才能够使企业的员工心服口服，把工作当成自己的事，全心全意地为企业工作。

【小结】

金钱不是万能的，薪水和奖金固然重要，但管理者还必须掌握其他的激励方法和技巧，尤其是那些无薪的激励，比如：给予下属尊重、公平感、关爱、赞美和为下属提供适当的竞争环境、制定奋斗的目标、规划发展蓝图等。我国著名科学家王选说过，只有精神激励而缺少物质激励，那是“愚民政策”，而只有物质激励但缺少精神激励，那是“害民政策”。

另外，激励不是控制，而是了解下属的精神和物质需要并及时给予满足，通过满足下属的需要，调动下属的积极性和赢得下属的信任和无怨无悔。要想成为一个杰出的管理者，必须以人为本，因人而异，以期让下属心甘情愿、开开心心地为企业效力，切忌“一刀切”和“一勺烩”的激励方式。

二、建设高效团队

知识小窗口

管理者的第一要务是，必须要建立一支单一有机体团队。团队不仅仅是个体成员能力的简单集合，良好的团队能使全体成员的能力倍增。如果两个人齐心协力，他们的工作绩效将超过十个单打独斗的人。

——徐剑

（一）设身处地

作为管理者的你，如何理解“三个和尚没水喝，三个臭皮匠顶个诸葛亮”？

作为管理者的你，如何解释“1+1>2”的问题？

作为管理者，你认为以下哪种团队能够为企业创造高的效益？

（1）企业成员各自朝不同的方向努力。

（2）企业成员朝共同的目标努力。

（3）企业成员个体卓越，但互补配合。

作为管理者，你如何打造高效的团队？

（二）模拟训练

【设计背景】

众所周知，肯德基经营的成功主要是因为其拥有一支优秀的团队，可又有多少企业能像肯德基一样？随着社会的发展，企业间的竞争已经演变为企业团队的竞争，很多管理者都呼吁要建立高效的优秀团队。所以如何运用自己所拥有的管理技能，发挥团队每个成员的才能，打造一个属于自己的优秀团队已经成为现代管理者尤其关注的问题。

【训练目的】

通过模拟训练，让大家了解团队的作用，并从分析中领会有效的团队管理技巧，帮助大家建立优秀的团队，实现由独自个体向优秀团队的转化。

【情景】

各自为政 VS 同舟共济

假设你是企业的管理者。面对激烈的竞争，你决定要进行改革——建立高效的团队。为了更好地让下属了解到团队的作用，你将自己的下属均分为 A 和 B 两个团队，团队队员遵循自由组合的原则，每个团队都选出一个人作为团队的队长。

其中 A 团队的队长是由平时工作中业绩较突出的小陈担任，B 团队的队长小姜是由团队成员民主选举而得。团队分好后，你给两个团队分配同样的任务，并限定在一个月后进行小组业绩考核以及个人成绩考核，并告知成绩差的一个团队要受到相应的惩罚，而业绩好的团队会受到一定的奖励。

事实上，在自由组合团队时，A 团队成员都是平时业务能力比较强的职员，他们都认为他们是强强联合，必定会在考核时胜出。而 B 团队则由平常工作业绩不突出的成员组成，但各有千秋，有擅长沟通的，有擅长说服的，有默默无闻的。

在工作中，A 团队成员总是各自为政，根本不服从小陈的管理，一个比一个有想法，一个比一个有创意，但是没有一个人愿意采用别人的想法，总是会在工作中产生分歧，并且不可调和，最终各做各的，没有人愿意去分享。B 团队成员则正好相反，因为他们的能力都有限，所以他们乐意协商，共同考虑问题、制定策略，最后由小姜做决策，整个团队很和谐，工作中都非常愉快。

一个月后的绩效考核结果可想而知，A 团队的绩效肯定比不上 B 团队。

【训练】

1. 作为企业管理者，你如何评价 A、B 两个团队？

【参考】

A 团队属于强强联合，散兵游勇的组合方式，虽然在一个集体但是并不能成为真正的团队，真正的团队应该像 B 团队一样，每个成员都知道自己的缺点和不足，懂得取长补短，通力合作，心往一处想，力往一处使，共同为团队的目标奋斗，共同为创造企业绩效努力。

2. 请分组讨论，A 团队应如何改进团队各自为政的局面。

【参考】

（1）确定共同愿景和目标。优秀团队首先应该有一个共同的目标，这个目标激励大家一起努力，因为大家拥有共同的目标，所有工作中的小矛盾和不愉快就不会成为工作的干扰。

（2）增加沟通。良好的沟通是工作矛盾的润滑剂。

（3）建立信任。

（4）角色定位。团队带头人和团队成员要明确自己的角色，有管理，有服从。

3. 根据以上模拟情景及分析，请大家以合作的方式总结出一个优秀团队所具备的要素（见图 6-1）。

【参考】

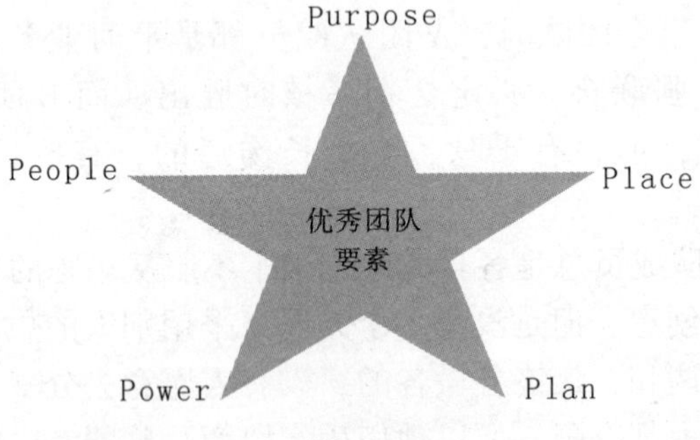

图 6-1

【启示】

一个优秀的团队将个人目标和团体的目标保持一致；个人绩效和团体绩效保持一致。优秀团队的成员协同合作，相互配合，可以创造出企业的高绩效（见图 6-2）。

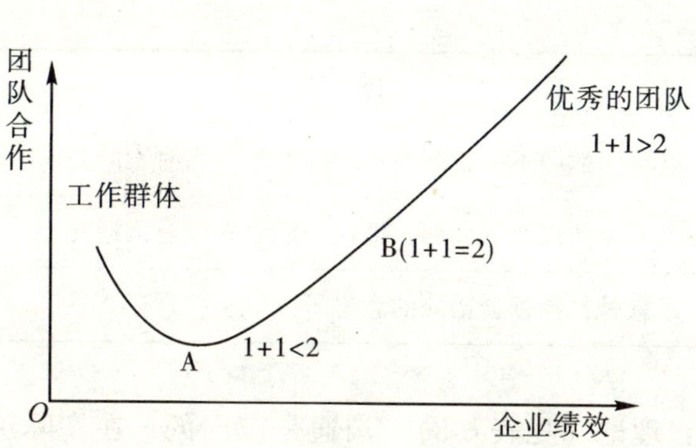

图 6-2

【小结】

若企业成员大合作，则企业大发展；若企业成员小合作，则企业小发展；若企业成员不合作，则企业不发展，甚至停滞不前。所以企业管理者必须通过建立高效团队适应激烈的竞争环境，这样才能在激烈的竞争环境中立于不败之地。

三、人际沟通

知识小窗口

沟通对企业、对个人，尤其是对各级管理者的工作都非常重要。美国著名学府普林斯顿大学对一万份人事档案的分析结果显示，“智商”、“专业”、“技能”和“经验”只占成功因素的25%，而良好的人际沟通则占了75%。因此各级管理者必须培养自己的沟通意识和提高沟通技能，这样才能够取得管理上的成功，赢得企业的发展。

管理者沟通的3种境界：

（1）外求共同点——信息的沟通。

（2）内求共鸣感——情感的沟通。

（3）深求认同感——思想的沟通。

（一）设身处地

若你是企业的中层管理者，你是否会遇到因沟通不畅使员工抱怨、推脱责任，进而导致工作效率低下的现象（见表6-7）？

表 6-7

对象	问　　题	是	否
上级	这点事你都做不好，既然不明白，怎么当时不问我		
同级	我也不想结果成这样啊，谁让我们事先没有沟通呢		
下属	不好意思，我领会错您的意思了		

根据约哈里窗户理论（见表 6-8），沟通是双向的。在实际工作中，你会遇到种种不良沟通所带来的问题，试想一下，你经常处于哪个区？盲点区、隐秘区还是未知区？你将如何改变沟通不良的现状呢？

表 6-8　　约哈里窗户理论

	自己知道	自己不知道
别人知道	开放区	盲点区
别人不知道	隐秘区	未知区

注：开放区：代表所有自己知道，他人也知道的信息。盲目区：代表关于自我的他人知道而自己不知道的信息。隐秘区：代表自己知道而他人不知道的信息，这些信息有的是知识性的、经验性的，甚至是创造性思维的结果。未知区：这个区域指的是自己不知道，他人也不知道的信息，是潜意识、潜在需要，这是一个大小难以确定的潜在知识。

（二）模拟训练

【设计背景】

不良的人际沟通会给企业带来巨大的损失，然而有效的沟通交流可以实现信息正确地传递，可以建立企业成员间良好的人际关系。在现代企业中，很多管理者都没有接受过正式的培训和训练，不能很好地运用沟通艺术，造成了管理者与员工不必要的矛盾，给管理者和员工带来了困扰。

【训练目的】

通过模拟训练，首先让大家了解沟通技巧随着沟通对象的不同而改变，管理者必须要灵活变通地发挥沟通艺术。其次，让大家了解人际沟通的技巧，掌握良好沟通的步骤，避免大家在企业工作中的人际关系冲突。

【训练】

与不同对象的沟通

情景 1 与上司沟通

假设你发现公司存在一个问题，非常不利于企业的发展。你通过征询下属的意见，设计出一套解决方案，可是你的上司很坚持，完全不理会你的方案，这时你将如何和上司沟通？

情景 2 与同级沟通

假设你是房地产公司的经理，老板让你和你的同事分别设计一套招标方案，然后由老板最后定夺。一个星期以后，你们分别展示了自己设计的方案，最后老板决定采用你的，让你的同事配合你完成招标工作，但是由于你同事的方案被否决了，心中非常不满。为了让你们两个更好地配合，出色地完成工作，你应该如何和你的同事沟通协调？

情景 3 与下属沟通

假设你是一家企业经理，每周一都会有例会，但是基本上每次开会，都会有人迟到。若不等迟到的下属，信息就传达不到位，降低了例会的质量，若等迟到的下属，则会耽误你和大家宝贵的时间。为了避免这样的事情再发生，你将如何和下属进行沟通？

【参考】

不管你的沟通对象是谁，一定要有耐性，采用正确的态度去了解被沟通对象不满的根本原因，首先询问被沟通对象，然后认真聆听他们的倾诉，最后做出回应，站在他们的角度去思考解决的办法。这样才能让被沟通者心理平衡，实现有效沟通，避免形成不和谐的工作氛围。

【启示】

总结起来，沟通有四大步骤（见图 6-3）：

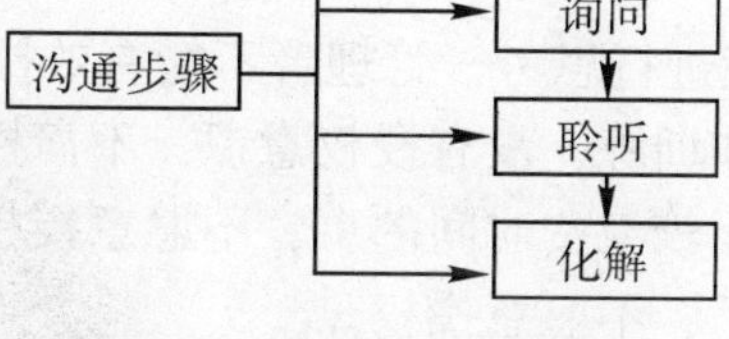

图 6-3

态度：感同身受、就事论事；询问：主动询问，询问根本；聆听：适当记录，适时回应；化解：动之以情，晓之以理。

【小结】

管理之道在于用人，管理之妙在于沟通。沟通是一个管理者必须具备的一项管理技能：与上级沟通：理解上级意图；主动询问不明确之处；将上级的话用自己的理解复述一遍；随手记录，抓住重点；将笼统的事项分成几个步骤。与下属沟通：以同理心摸清下属的需求；注意询问清楚了没有，是否有遗漏，让下属做记录，让下属自己复述一下要求。与同级沟通：取得支持；简化通道；情绪缓和；尊重双赢。

——狄振鹏

第三节　理　　事

一、授权

知识小窗口

不能有效授权的经理不可能有效完成桌上堆积如山的工作。

——杰克·韦尔奇

不要整天想着自己怎么把所有的事情做好，而是要想如何把事情让别人去干，找谁干，怎样为别人创造一个环境，你要做的是掌控住这个体系。

—— 何享健

（一）设身处地

现在很多企业管理者经常抱怨他们每天都有做不完的工作，每天都忙得不可开交。他们每天忙忙碌碌的原因基本可以归结为三个方面：（1）管得太多，不懂有效授权；（2）没有进行有效的时间管理；（3）工作方法效率低。第一个方面是主要原因。

站在企业管理者的角度进行思考，管理者不能有效授权的原因都有哪些呢？

（1）没有接受过培训和训练，没有授权意识，不懂授权。

（2）认为授权是一件比较浪费时间的事，不愿意授权。

（3）担心下属超越自己，不愿意授权。

（4）不信任自己的属下，总是担心他们做不好，什么事都包在自己身上，不敢授权。

（5）害怕授权后失去控制，不敢授权。

（二）模拟训练

【设计背景】

21世纪的今天，管理者充当着教练的角色，其职能已经逐渐由PDCA向授权、激励和团队建设等职能转变。有效授权对企业的发展、管理者工作顺利开展和下属工作积极性提高都具有重要的影响，所以现代管理者必须学会如何进行有效授权。

【训练目的】

通过模拟训练，让大家认识到有效授权的好处，避免授权误区，懂得授权的原则，学会有效授权的技巧，掌握授权的艺术。

【情景】

1. 戴尔上大学的时候就开始创业，戴尔公司成立后，因为只有戴尔有公司的钥匙，所以戴尔需要每天早起去开公司的门，但是在大学的时候，戴尔经常晚睡晚起，早起对他来说是一件非常痛苦的事情，后来他就把钥匙交给了他的一个下属。

有一天，戴尔正在办公室忙自己的事情，他的下属到他的办公室向他抱怨："我的硬币被可乐机吃掉了。"戴尔非常惊讶地说："这种事为什么要对我说？"下属说："因为可乐机的钥匙是您保管的呀。"戴尔恍然大悟，这才明白他交出去的不应该仅仅是公司大门的钥匙。

2. 某生产企业的采购部经理让自己的下属采购一批生产资料，但是经理在安排这项任务时，没有给予下属应有的权力，比如价格变动范围、生产资料选择等，这使得下属在采购时，遇到价格问题和生产资料替代就要一一上报给经理，这样上报就非常麻烦，并且让下属感觉经理干涉他完成这件事，不能大胆地做事情。若下属不上报，自己在合理范围内自行决定的话，经理就会批评他，这让下属工作起来畏畏缩缩，心里非常憋火。

【训练】

站在管理者授权的角度来分析，管理者在授权的时候应该避免哪些误区？应该掌握哪些技巧？

【参考】

授权是指管理者根据工作的需要，将自己所拥有的部分权力和责任授予部属去行使，让下属为自己工作。授权是让部属在一定工作环境下大胆工作的一种管理技能和艺术。

管理者在授权时经常存在一个误区——权责不等。若下属只有责任而没有权力，工作的时候可就会非常压抑，积极性会受到挫败，若下属只有权力而没有责任，下属工作的时候可能会滥用职权，控制起来就会很难。所以管理者在进行授权时一定要保证下属权责相当。

3. 某企业的市场营销部经理准备在上海推出一种新的产品，所以他现在要授权给自己下属去完成这项任务，这里有两种授权方式：

第一种，经理对自己的下属说："小陈，我看你平常工作挺卖力的，今年我让你来负责我们公司新产品在上海的推广工作，加油干吧，业绩好的话，公司会给你丰厚的奖励的。"

第二种，经理对自己的下属说："小陈，我看你平常工作挺卖力的，今年我让你来负责我们公司新产品在上海的推广工作，公司希望能够开拓50%的市场，业绩好的话，公司奖励你3万元。"

【训练】

若你是小陈，这两种不同的授权方式给你带来的激励效果有什么不同？若你是管理者，你认为哪种授权方式更好？

【参考】

第一种授权方式，小陈没有奋斗的目标，不知道自己该从何下手，自己要付出多大的努力，自己将会得到什么奖励，所以干劲就不会很大。

第二种授权方式，小陈具有明确的奋斗目标，市场份额目标激起小陈的挑战心理，丰厚的奖金激发了小陈的斗志。小陈会竭尽全力地发挥自己的潜力，努力工作，保质保量地完成任务。

4. 某饮料公司最近开发出一种新的饮料产品，但是在推向市场之前，需要进行一个合理定价。于是，市场部经理就专门找到下属小吕："小吕，我们新饮料的价格还没有制定，你今天去大型超市调查一下其他同类型饮料的价格范围，明天给我汇报一下。"小吕很高兴地答应了，并且也付出了实际行动。

当天下午，经理看到下属小曾，又把同样的事交代给了小曾，下属在私下交流时，得知经理把同样的事情分别给了他们两个人，结果造成了下属之间的不愉快，同时他们也对经理有抱怨。

【训练】

上述情境中，经理授权时存在什么问题，这样会导致怎样的后果？

【参考】

经理在授权时出现了重复授权问题。首先造成资源的浪费，本来一个人可以搞定的事情，动用太多的人力，其次造成人际关系恶化，使下属之间相互猜疑，甚至认为上级无事生非，不信任自己，心生嫌隙。

【启示】

授权是主管必备的管理者技能之一，有效授权决定管理者管理能力的高低。管理者在授权时往往存在一些误区，比如权责不等、授权目标不明、不被信任和重复授权等。所以管理者在进行有效授权时必须掌握授权技巧，并在实践中运用授权的艺术。授权技巧包括明确授权目标，避免重复授权，坚守权责相当，增加信任感知，实行监督控制。

【小结】

有效授权的重要意义体现在三个方面：

（1）就企业而言，有效授权决定企业的兴衰成败。因为有效授权使企业目标分解，使更多的人承担企业责任，使更多的人努力工作，所以有效授权为企业打造了高效的团队和较高业绩。

（2）就管理者而言，有效授权使管理者的工作任务减轻，使他们空出时间做更加重要的工作，使管理者从日常繁重琐碎的事情中脱离出来。

（3）就下属而言，有效授权可以有效地激励下属。一方面，有效授权使得下属可以学习更多的业务技巧和知识，另一方面，有效授权可以增加下属的自豪感、责任感、自主性和能动性，提高下属的自我管理能力，获得更大的个人发展空间。

二、决策

知识小窗口

管理就是决策。

——赫伯特·西蒙教授

做决定的能力最难获得，因此也最宝贵。

——拿破仑

100 个行动也无法挽救 1 个错误的决策。

——管理学名言

（一）设身处地

在复杂多变的环境中，企业管理者每天都必须在信息不充分、情况不确定的情况下，对企业所面临的各种问题做出决策。假如你是企业管理者，你将如何把所学的决策技能运用到实际当中？你将如何在一个不确定的外部环境中制定正确的决策呢？设想一下你在制定决策时会遇到哪些障碍，会犯哪些错误？

（二）模拟训练

【设计背景】

决策是管理工作的关键环节，杰出的管理者能在关键时刻做出正确的决策。现代很多企业由于没有决策型或不具备有效的决策技能的管理者，导致在残酷的市场竞争环境中陷入危机，所以我们每一个管理者都要在实践中不断提高自己的决策能力。

【训练目的】

通过模拟训练，让大家学会分析做决策需要考虑的环境、市场和产品等多方面因素，掌握决策的技巧和艺术。

【情景】

XM 钟表公司位于 W 市城乡结合部，约有固定资产 5000 万元，是一个拥有 1000 人的国有中型企业。公司自 20 世纪 50 年代成立以来，有过辉煌的历史。进入 90 年代后，全国手表行业中除飞亚达、罗西尼等少数几个企业经营情况尚好外，大多数企业经营状况都不好，XM 钟表公司也出现了经济效益恶化的局面。市轻工局撤换了企业原领导班子，经过竞选，李×担任了公司总经理。李×一上任就大刀阔斧地精简机构，把公司科室人员由 50 人精简到 40 人，加强了现场管理和质量管理。

XM 钟表公司的主要产品是机械表和机芯。经市场调查，机械表在国内市场已不受欢迎，全行业销售额呈逐年下降趋势。公司年产机芯 100 万只，主要卖给香港的中间商，每个机芯的售价在 12.60 元与 12.70 元之间。由于没有达到约 1000 万只的经济规模，每个机芯的成本为 12.50 元左右，比同行厂家高许多。公司生产的低档机械表在省外根本卖不出去，在本省的市场占有率已由前几年的 10%下降到了 5%，并且其主要购买对象在农村。

目前企业实际上已处于亏损状态。李总经理担心，一旦香港中间商停止订货，企业将陷入更大的困境。公司经过多次研究，认为必须搞多角化经营。为此，公司在厂区外租了几间房和一块空地，开设了餐厅与卡拉OK厅，建造了钓鱼池和游泳池，并办起了一个“XM度假村”。公司还进入第一产业，办了养猪场、养鸡场、养兔场。

公司了解到在距公司100多公里的山区，许多农民开采铁矿砂，非常赚钱。李总经理通过亲自考察，并经全体员工讨论，决定开办XM铁矿砂厂。在征得有关金融管理部门同意后，公司召开了全体职工大会，李总经理在会上说：“当前公司严重亏损，机芯和机械表销售情况不好，资金极为短缺。我们每个职工一定要认清形势，团结一条心，黄土变成金。今天我动员大家集资自救，自力更生。我本人愿出1万元。希望同志们在保证生活不受影响的情况下，自愿集资，不要勉强。我们保证集资款的利率高于银行利息率。将来铁矿砂厂赢利后，再按资分红。尽快把铁矿砂厂办起来，就可以帮助公司解决当前发展的难题。”

在李总经理的号召和带动下，仅两周时间，公司就集资100余万元，再从各车间抽调了得力人员，经过紧张的筹备，半年后XM铁矿砂厂就土法上马了。开工第一个月赢利40万元。李总经理非常兴奋地说：“我们现在是一、二、三产业并举，农、工、商齐上，照这样的势头发展下去，我们的公司是大有希望的。”

但是好景不长，过了不久，土法上马的铁矿砂厂出了事故，山坡上的废泥浆由于堆放过多，流进了农民的庭院，冲毁了几间民房。环保部门勒令XM铁矿砂厂停产并处以罚款。由于地理位置不好，游客不多，再加上经营不善，XM度假村也出现了亏损。公司的养殖业原来是由一个农大毕业生管理，但他认为公司没有发展前途，不久前离职而去。这使得李总经理及公司陷入了极度困难之中。

资料来源：教育联展网。

【训练】

从管理的角度来看，你认为XM钟表公司土法上马铁矿砂厂的决策是否正确？从该情景中，你觉得应该如何做出正确的决策？

【参考】

决策是企业的生命线，正确的决策可以造就一个成功的企业。市场可比作一个没有硝烟的战场，同行业之间的竞争越来越激烈。若管理者在决策上具有前瞻性、善于筹划，那么就有可能在市场上领先一步，拥有较大的市场份额，在竞争中立于不败之地。与之相反，若管理者的目光短浅，只看眼前利益，缺乏长远考虑，那么他就只能成为市场的跟随者，而非开创者。

【启示】

没有正确的决策就没有优秀的执行。只有真正能做出正确决策的管理者，才是最后的成功者。决策需要人类的智慧和管理者对问题的洞察力，还有分析问题、预测问题发生的能力。决策一定不能完全机械化，需要避免僵化死板、目标不当、独断专横和朝令夕改。

【小结】

决策能力不是每个管理者天生就具备的，它是在后天管理实践中不断学习和训练逐渐获得的。管理者的决策能力是管理者为维持企业生存，必须具备的最基本的素质。其决策能力决定着企业或组织的兴衰存亡。管理者在进行决策时一定要遵循决策的指导原则：决策方案有所依据；做决策之前必须对企业内部条件进行分析、讨论；对外在环境做可行性分析，最后做出正确的决策。

（一）

一个半世纪以来，马丁吉他公司被公认为世界上最好的乐器制造商之一，其吉他每把价格超过10000美元，这是你能买到的最好的东西之一。马丁吉他公司作为一个家族企业，已经延续了六代，目前的CEO是克里斯。克里斯不仅秉承了马丁吉他的精良制作工艺，还遍访公司在全世界的经销商，并为他们举办培训讲座。很少有哪家公司像马丁吉他公司一样有如此持久的声誉。

自从公司创办以来，马丁吉他公司做任何事情都非常重视质量。即使这些年在产品设计、制造方法、分销系统方面发生了很大变化，公司仍然始终坚持对质量的承诺。公司在坚守优质音乐标准和满足顾客需求方面的坚定性渗透到公司的每一个角落。因为制作吉他需要天然木材，公司非常审慎和负责地使用这些传统的天然材料，并鼓励引入可再生的替代的木材品种。基于彻底的顾客研究，马丁公司向市场推出了采用表面有缺陷的天然木材制作的高档吉他，这在其他厂家看来，几乎是不可接受的。

马丁公司使新老传统有机地融合在一起。虽然设备和工具逐年更新，但员工始终坚守着高标准的优质音乐原则。马丁家族的一位成员曾经解释道："怎样制作具有如此绝妙声音的吉他并不是一个秘密。它需要细心和耐心。细心是指要仔细选择材料，巧妙安排各种部件，关注使每一个演奏者感到惬意的细节。所谓耐心是指做任何一件事都不要怕花时间。优质的吉他是不能用劣质产品的价格制造出来的，但是谁会为买了一把价格不菲的优质吉他而后悔呢？"虽然100年过去了，这些话仍然是公司理念的精确描述。虽然公司深深植根于过去的优良传统，克里斯却毫不迟疑地推动公司朝向新的方向。例如，在20

世纪90年代末，他做出了一个大胆的决策，开始在低端市场上销售每件价格低于800美元的吉他。低端市场在整个吉他产业的销售额中占65%。马丁公司的DXM型吉他是1998年引入市场的，顾客认为它比其他同类价格的绝大多数吉他音色要好。克里斯解释道："如果马丁公司只是崇拜它的过去而不尝试任何新事物的话，那恐怕就不会有值得崇拜的马丁公司了。"虽然马丁吉他不断将其触角伸向新的方向，但却从未放松过对尽其所能制作顶尖产品的承诺。在克里斯的管理下，这种承诺决不会动摇。

资料来源：大学课件——管理者技能案例，http：//www. docin. com/p-421767729. html。

思考题

1. 请根据你所学的内容，简要说明哪种管理技能对克里斯最重要。

2. 你如何理解"如果马丁公司只是崇拜它的过去而不尝试任何新事物的话那恐怕就不会有值得崇拜的马丁公司了"这句话？

（二）

历史上的著名军事学家吴起是一个成功的人。当然，他有些不择手段的行为，因为他所处的时代，是没有法律与正常社会秩序的年代，是丛林法则横行的年代。吴起是卫国人，喜欢兵法，爱好军事，曾经拜曾子为老师，学习文化知识与治国理论。他在鲁穆公手下做事，齐国进攻鲁国，鲁国想要起用吴起为统兵将军，率军队抵抗齐国的入侵。但是先前吴起娶的妻子是齐国人，鲁国就怀疑吴起的立场，怕起用吴起为将军后，吴起因妻子的关系心向齐国，暗中帮齐国打败鲁国。吴起无奈之下，只好杀了妻子，用这种形式来取信于鲁国，来与齐国划清界限。鲁国信任了吴起，让吴起当了鲁国军队的领导，率军跟齐国作战。吴起不负重托，把强大的齐国打得落花流水。

鲁国有些人对吴起帮其打败齐国并不买账，反而向鲁穆公进谗言，讲吴起的坏话。说吴起的为人，猜忌残忍，年轻时，家里很有钱，是富翁。他为了当官，出外游历，想要一些国君重用他，但没有君主录用他，而且还变得一贫如洗。他家乡有些愚昧无知的人耻笑他，讽刺他，侮辱他，丑化他。可以用这样的话来说，凡真正有才能、有本事的人，都曾经受过一些愚蠢无知的人打击与贬低。例如，历史上的韩信、陈平、王猛，等等，都受过他人的诽谤与侮辱。吴起听到嘲笑后大怒，杀死了讲自己坏话的30多人。他向东出卫国郭门，与母亲诀别，用牙齿咬伤自己的手臂，对着母亲发誓："吴起这次出去，如果不当上卿相，就再也不会回卫国。”后来拜儒家学派著名人士曾子为师。吴起的母亲去世后，吴起因没有当上卿相，所以连母亲殡葬之时也不回卫国。曾子因吴起没有尽孝道，看不起吴起这个学生，吴起与曾子的师生关系断绝了。吴起在鲁国学习兵法，侍奉鲁穆公。后吴起为求将军一职杀了妻子，取信国君。鲁国是小国，小国居然把强大的齐国都打败了，让其他诸侯国都很震惊。鲁国跟卫国是兄弟之国，用吴起为鲁国将军，就等于放弃了卫国这个兄弟。这些挑拨离间的话语传到鲁穆公耳中，这昏君就对吴起不放心起来了，更不用说信任。不过，出于对吴起的抗齐功劳，昏君还是赏赐与感谢了吴起一番。

吴起也感受到君主对自己的不信任，想要跳槽。他听说魏文侯很贤明，想要投奔其麾下。魏文侯问臣子李克：“吴起是个什么样的人?”李克回答说：“吴起贪财贪权，且好色。然而用兵打仗，连军事学家司马穰苴都比不上。”于是魏文侯委任吴起为将军，攻打秦国，拿下五个城池。吴起作为军队统帅，与最下层的士兵们吃的是一样的，穿的是一样的，睡觉时不设席子，行军时不骑马不坐轿子，亲自背军粮与后勤军事物资，与士兵们同甘共苦。有一个士兵有病疽，吴起亲自为这个士兵吸吮疽肿，想要使士兵快点好起来。这个士兵的母亲听说此事后，痛哭起来。有人就说：“你儿子不过是个士兵，而吴将军亲自为其吮吸疽，你哭什么?”士兵的母亲回答说：“往年吴起吸儿子父亲的疽，其父杀敌就奋勇当先，奋不顾身而死于敌人之手。现在吴起又为儿子吮疽，我不知儿子会怎么样死，所以在此痛哭。”

从吴起为下层士兵吮吸疽一事，可以看出吴起很会治军，所以士兵甘心为其去死，赴汤蹈火，在所不辞。魏文侯因吴起善用兵，平等待人，能收获士兵的心，以吴起为西河守将，防御秦国与韩国。魏文侯过世后，其子魏武侯继位。魏武侯性情雅致，乘船沿西河游览观赏。魏武侯还跟吴起说：“美好呀，这山河之坚固，是我魏国之国宝。”吴起回答说：“在德不在险。昔三苗氏左洞庭，右彭蠡，德义不修，禹灭之。夏桀之居，左河济，右泰华，伊阙在其南，羊肠在其北，修政不仁，汤放之。殷纣之国，左孟门，右太行，常山在其北，大河经其南，修政不德，武王杀之。由此观之，在德不在险。若君不修德，舟中之人尽为敌国也。”吴起乘机向魏武侯进谏忠言，要新君修德行，这样才能江山永固。魏武侯称赞道：“善”。

吴起为西河守将，声名远播，魏国置相一职，由田文担任，吴起很不高兴。就去找田文沟通：“我与你论一下双方的功劳，可以吗?”田文说，“可以。”吴起讲：“将三军，使士兵乐于效忠，愿为国捐躯，敌国不敢谋魏国，我与你比较一下。”田文说：“我不如你。”吴起又说：“治百官，亲万民，实府库，我与你比较一下。”田文说：“我不如你。”吴起再说：“守西河而秦军不敢向东进攻，韩国与赵国唯我国马首是瞻，我与你比较一下。”田文说：

“我不如你。”吴起说：“这三种大功劳，你都比不上我，而你的官位却在我之上，是什么原因?”田文回复说：“现在君主年少，国民怀疑君主稳定国家的能力，很多大臣还没有全心全意依附君主，这样的处境，是属于你，还是属于我?”吴起这时才服气地说：“这属于你的功劳与责任。”田文说：“这就是我职位居于你之上的原因，我能使国家稳定。”吴起知道了自己有些方面的能力不如田文。田文死后，公叔为相，公叔的妻子是魏国公主，设谋害吴起。公叔主要害怕吴起的才能超过自己，使自己不能稳坐相位，所以想要排挤吴起，赶走吴起。公叔之仆曰：“起易去也。”公叔曰：“奈何?”其仆曰：“吴起为人节廉而自喜名也。君应先与武侯言曰：‘夫吴起贤人也，而侯之国小，又与彊秦壤界，臣窃恐起之无留心也。’武侯即曰：‘奈何?’君因谓武侯曰：‘试延以公主，起有留心则必受之。无留心则必辞矣。以此卜之。’君因召吴起而与归，即令公主怒而轻君。吴起见公主之贱君也，则必辞。”于是吴起见公主之贱魏相，果辞魏武侯。武侯疑之而弗信也。吴起惧得罪，遂去，即之楚。吴起由于中了公叔的计谋，害怕嫁给自己的公主身份的妻子，也像公叔的公主妻子一样，轻视与轻贱自己，因而拒绝与公主结婚，得罪了魏武侯。所以，逃跑到楚国，为楚王打工。

楚悼王听说吴起很有才干，以令尹的职位授予吴起。他严明法令，精兵简政，废除了较疏远的公族，把节省下来的钱粮用以供养战士，主要目的是加强军队，破除纵横捭阖的游说。他为楚国向南平定了百越，向北吞并了陈国与蔡国，击退了韩国、赵国、魏国。向西征伐了秦国。诸侯国都害怕与担忧楚国的强大。楚国的贵族们也都想谋害吴起。楚悼王去世后，楚国宗室大臣作乱而攻打吴起，吴起跑至楚悼王尸体伏在其上。作乱的人的武器攻向吴起，也随之伤害了楚悼王的尸身。楚悼王埋葬后，楚肃王继位，以伤害悼王尸体罪，派令尹杀了全部因射刺吴起而同时射刺了悼王尸体的人。收捕作乱贵族七十余家，并处以诛杀三族之刑。

资料来源：大学课件——管理者技能案例，http：//www. docin. com/p-421767729. html。

思考题

请站在管理者的角度，分析并总结出吴起成功的经验。

参考文献

［1］斯蒂芬·P. 罗宾斯等. 管理学［M］. 孙健敏，等，译. 中国人民大学出版社，2004.

［2］布莱克，穆顿. 新管理方格［M］. 孔令济，等，译. 中国社会科学出版社，1986.

［3］唐·赫尔雷格尔，小约翰·瓦·斯洛克姆. 组织行为学［M］. 余凯成，等，译. 中国社会科学出版社，1989.

［4］肯·谢尔顿. 领导是什么［M］. 王伯亮，译. 上海人民出版社，2000.

［5］谭力文等. 管理学［M］. 武汉大学出版社，2009.

［6］周三多. 管理学——原理与方法［M］. 复旦大学出版社，2004.

［7］诺斯古德·帕金森等. 不可不知的管理定律［M］. 苏伟伦，苏建军，译. 中国商业出版社，2004.

［8］张作俭. 成功管理案例分析［M］. 科学技术文献出版社，2004.

［9］彼得·德鲁克. 卓有成效的管理者［M］. 许是祥，译. 机械工业出版社，2005.

［10］巴纳德. 经理人员的职能［M］. 王永贵，译. 中国社会科学出版社，1997.

［11］赫尔伯特·西蒙，马奇. 组织［M］. 邵冲，译. 机械工业出版社，2008.

［12］卫武，温兴琦等. 管理学. 清华大学出版社，2013.

图书在版编目(CIP)数据

现代管理者技能与艺术/温兴琦主编.—武汉：武汉大学出版社，2015.7
管理学通用教材
ISBN 978-7-307-15444-5

Ⅰ.现… Ⅱ.温… Ⅲ.企业领导学 Ⅳ.F272.91

中国版本图书馆 CIP 数据核字(2015)第 056486 号

责任编辑:唐 伟　　责任校对:汪欣怡　　版式设计:马 佳

出版发行:**武汉大学出版社** (430072 武昌 珞珈山)
(电子邮件:cbs22@ whu. edu. cn 网址:www. wdp. com. cn)
印刷:黄石市华光彩色印务有限公司
开本:720×1000 1/16　印张:7.25　字数:145 千字　插页:3
版次:2015 年 7 月第 1 版　2015 年 7 月第 1 次印刷
ISBN 978-7-307-15444-5　定价:23.00 元
